Este livro é dedicado aos leitores que fazem parte da minha vida.

Coordenadora editorial: Tânia Lins
Coordenador de comunicação: Marcio Lipari
Capa e projeto gráfico: Jaqueline Kir
Diagramação: Rafael Rojas
Preparação e revisão: Equipe Vida & Consciência

1ª edição — 1ª impressão
10.000 exemplares — junho 2016
Tiragem total: 10.000 exemplares

**CIP-BRASIL — CATALOGAÇÃO NA PUBLICAÇÃO
(SINDICATO NACIONAL DOS EDITORES DE LIVROS, RJ)**

C359e

Castro, Mônica de
De bem com a vida / Mônica de Castro. 1. ed. — São Paulo: Vida & Consciência, 2016.
200 p. : il. ; 21cm.

ISBN 978-85-7722-457-9

1. Castro, Mônica de - Narrativas pessoais. 2. Crônica brasileira. 3. Espiritismo. I. Título.

15-25778 CDD: 133.93
CDU: 133.7

Este livro adota as regras do novo acordo ortográfico (2009).

Vida & Consciência Editora e Distribuidora Ltda.
Rua Agostinho Gomes, 2.312 — São Paulo — SP — Brasil
CEP 04206-001
editora@vidaeconsciencia.com.br
www.vidaeconsciencia.com.br

De bem com a vida!

Um novo olhar sobre o cotidiano

MÔNICA DE CASTRO

Sumário

1
Um pouco de mim

Nasci numa terça-feira, 10 de julho de 1962, no então estado da Guanabara. Morei na Tijuca a minha vida quase inteira. Minha infância foi de liberdade: numa época em que assaltos eram coisa rara, vivia solta pela rua, brincando com amigos, andando de bicicleta, sem que nada de ruim nos acontecesse.

Estudei no Instituto de Educação do Rio de Janeiro. Lá, fiz jardim, CA, primário, ginásio e primeiro ano normal. Amava o colégio. Tanto que, quando minha mãe queria me obrigar a comer, me ameaçava: "Se não comer, não vai para a escola". Pronto. Comia tudo.

Adorava ler e escrever. Ainda no ginásio, aos 11 anos, escrevi minha primeira poesia. A partir daí, passei a desenvolver a escrita, buscando aperfeiçoar-me cada vez mais. Escrevia poemas, textos e até alguns contos. Fiz, inclusive, alguns versos de amor sob encomenda.

Aos 13 anos, ganhei um concurso de poesias patrocinado pela Editora Ática. Ao todo, tenho 10 cadernos e 599 escritos, entre prosa e verso.

Até 1995, escrevia com bastante frequência. Depois, passei a um ou dois versos por ano, até que, em 2007, encerrei de vez essa fase. Talvez o 600º poema esteja aguardando um tema especial.

Paralelamente a tudo isso, minha mediunidade foi se desenvolvendo. Desde criança, via e ouvia espíritos. E como todo mundo na minha casa era médium, produzíamos muitos efeitos físicos. Eram copos que andavam, chuveiros que se abriam sozinhos, luzes que se acendiam. Tínhamos um gato que vivia arrepiado, coitado! Com o tempo, graças a Deus, isso parou.

Escrever sempre foi a minha vida. Por isso, me perguntava por que não produzia mais nada. Sabia que o dom ainda existia, mas não tinha mais inspiração.

Hoje compreendo que o Leonel estava me preparando para, mais tarde, desenvolver com ele essa tarefa no campo da literatura espiritualista.

Em 1979, fui para o Instituto Guanabara, a fim de me preparar para o vestibular. Terminei o segundo grau e passei no vestibular para a UFF (Universidade Federal Fluminense), em Niterói, no ano de 1981. Queria ser jornalista.

Não gostei do curso. Tranquei matrícula e me matriculei em um cursinho para fazer novo vestibular, dessa vez para Direito. Classificada na UERJ (Universidade do Estado do Rio de Janeiro), formei-me em 1988.

Depois, fiz concurso para várias coisas. O primeiro em que passei foi para Procurador da Fazenda Nacional e fiquei lotada em Limeira, no interior de São Paulo. Gostava da cidade e das pessoas, mas então, em dezembro de 1993, fui aprovada no concurso para o Ministério Público do Trabalho e voltei para o Rio de Janeiro.

Mais tarde, tornei-me mãe, a experiência mais gratificante que já tive. Amo o meu filho acima de tudo neste mundo (e em outros também). E somente quando ele já tinha um aninho de vida foi que comecei a psicografar, sem nem saber que o fazia.

Desde então, não parei mais. E não pretendo parar. Talvez, quando ficar bem velhinha, mas só se a minha cabeça falhar. Se não, vou continuar por aqui mais um tempo.

Eu adoro a informalidade. Gosto de coisas simples, sem muita frescura, sem exageros nem etiquetas bobas. Aprecio a beleza e as coisas boas porque me fazem sentir bem comigo mesma, me dão conforto, alegria, mas não são a prioridade na minha vida nem o que possuo de mais importante.

Meu ambiente de trabalho já é superformal, por isso, fora dele, gosto de me ver livre do rigor das normas. Gosto de ser chamada de você, porque senhora não me faz sentir mais velha, mas dá a impressão de que sou intocável por ser justamente o oposto do que sou: formal.

Estamos todos no mesmo barco, não precisamos nos distanciar com cerimônias. Vamos, ao contrário, nos aproximar cada vez mais pelo amor e o respeito, que dispensam as formalidades e os tratamentos cerimoniosos.

Sou alguém que prioriza o conteúdo em lugar das formas, por isso, quando o outro possui em seu interior bondade, alegria, amor e outros bons sentimentos, é disso que eu gosto.

2
Leonel

Leonel não é apenas um espírito que me envia psicografias. Muito mais do que isso, é um amigo, alguém com quem posso contar e que costuma, por vezes, me dar inspirações sobre coisas comuns do meu dia a dia.

No passado, foi escritor, poeta, alma sensível e muito à frente de seu tempo, como costumam ser todos os poetas. Viveu na Inglaterra em sua última encarnação na qual foi escritor. Era um boêmio, um homem que vivia pelas letras e para as letras, mas cuja paixão por outra escritora levou-o à ruína e ao esquecimento.

Quem tiver curiosidade e interesse, basta ler *Segredos da alma*, onde tudo o que lhe aconteceu está narrado ali. Por mais que possuísse talento, não chegou a alcançar a fama, muito embora jamais tivesse desistido de viver.

Desencarnado, rapidamente ganhou compreensão das coisas da vida. Entendeu seus processos de amadurecimento, passou algum tempo na espiritualidade, até que pediu e obteve permissão para retornar em espírito e dividir comigo essa tarefa.

Somos dois escritores unidos pelo mesmo ideal, e o que nos separa é apenas o plano que cada um de nós habita.

Nosso objetivo, contudo, é comum, ou seja, ajudar o maior número de pessoas possível, para que elas promovam o seu autocrescimento e, com isso, tenham uma vida melhor.

Um dia, além de sempre sentir a sua presença, pude conhecer sua aparência astral. É um rapaz bonito. Cabelos negros e fartos, com feições delicadas e olhos azuis. Estatura mediana, magro, veio vestido de calça e uma bata brancas, descalço e com ar tranquilo. Tinha um rosto tão sereno que me contagiou. Disse coisas que modificaram para sempre o meu modo de encarar certos aspectos da vida.

Considero Leonel mais um batalhador do invisível. Um espírito com enorme sabedoria e inigualável capacidade de amar. Um ser em evolução que conhece o caminho para o crescimento e sabe onde está a fonte do discernimento e da moral. Uma alma que cresce por meio do esforço próprio, do reconhecimento de suas imperfeições e da busca incessante do domínio sobre si mesmo.

E é nisso, acima de tudo, que reside o seu valor.

3

Como tudo começou

Meu primeiro contato com a psicografia foi uma coisa estranha. Eu sempre sonhei escrever um livro, embora não me julgasse capaz.

Então, um dia, abri um romance, cuja personagem principal se chamava Rosalía. Na minha cabeça, um nome parecido não parava de ecoar: Rosali (que veio a ser o nome da personagem do meu primeiro livro).

Fui acometida de uma vontade louca de escrever, mas resisti. A vontade foi aumentando, aumentando, e eu não me atrevia, talvez em função da desvalorização com que tratamos as nossas habilidades.

Ficava repetindo para mim: "Quem sou eu para escrever um livro? Ninguém vai ler, não vai dar em nada, vai ficar uma porcaria..."

Por outro lado, uma voz interior me dizia que não custava tentar. O máximo que poderia acontecer era não dar em nada.

Sentei-me ao computador e iniciei o trabalho. Para minha surpresa, a história fluiu com a maior naturalidade. Como eu estava acostumada a escrever sobre qualquer coisa, nem me passou pela cabeça que estivesse psicografando.

Escrevi o livro inteiro assim. Ia escrevendo os capítulos e mostrando à minha mãe e aos amigos, que me deram a maior força.

Terminado o romance, Leonel se apresentou. Mandou-me uma psicografia, falando um pouco sobre si mesmo. Fiquei maravilhada! Nunca havia ouvido falar nele, mas senti como se fôssemos velhos amigos. Abracei a tarefa com entusiasmo, dando o melhor de mim.

Aos poucos, fui descobrindo como era gratificante conciliar dois talentos: o de escritora e o de médium.

Pronto o livro, veio a pergunta: o que fazer? Um amigo me aconselhou a enviar para a Vida & Consciência, mas eu achei que era demais para mim. Achava que a Zibia Gasparetto nunca leria nada que eu escrevesse. Resolvi então mandar para outra editora.

Em algum tempo, obtive resposta. Gostaram do livro, mas eu teria que reduzi-lo a um quarto do tamanho e retirar uma passagem que falava sobre homossexualidade. Diziam, inclusive, que havia preconceito da autora (!). Pode parecer inusitado, mas é verdade.

Recusei-me a mutilar minha obra e enchi-me de coragem. Enviei para a Vida & Consciência. Quase não acreditei quando me disseram que o livro ia ser publicado. Viajei a São Paulo, me emocionei muitíssimo quando conheci Zibia. Fechado o contrato, veio *Uma história de ontem*, sem qualquer mutilação, em seu tamanho original.

A título de curiosidade, quem descobriu o meu livro foi o Marcelo Cezar. Conta ele que, ao avaliar originais enviados à editora, sentiu a presença de um espírito insistindo para que ele pegasse o meu. Era o Leonel, óbvio. Marcelo leu, gostou e tudo aconteceu. E eu nem sabia desse detalhe.

No ano seguinte, com o lançamento de *Sentindo na própria pele*, eu estava lendo um livro dele, *Só Deus sabe*, quando ele me ligou. Coincidência? Acho que uma ajudinha do destino, porque o Marcelo hoje é um dos meus melhores amigos. Conversamos, nos demos superbem sem nem nos conhecermos.

Então, ele veio ao Rio para o lançamento do livro. Era como se nos conhecêssemos desde sempre. Hoje posso dizer que esse encontro foi uma das melhores coisas que aconteceram na minha vida.

E, sem exageros, digo também que o Leonel é parte fundamental na minha trajetória. Somos como um, atuamos em perfeita sintonia, verdadeira simbiose que, por vezes, me impede de separar o que é meu e o que é dele, fato que antes me incomodava.

Questionada sobre como sabia o que era meu e o que era dele, ficava confusa e insegura. Tinha medo de estar me enganando, de achar que psicografava, mas que, na verdade, escrevia tudo sozinha. E aí, como é que ficava? Estaria eu, mesmo inconscientemente, enganando as pessoas?

Hoje, contudo, esse questionamento não me incomoda mais. A conselho do próprio Leonel, deixei de pensar nisso. Disse-me ele para só me importar com o resultado. Se as mensagens do livro são boas para as pessoas, se as ajudam a viver melhor, é o que importa. Quem escreveu é mero detalhe.

Na verdade, Leonel traz todas as histórias. Pela linguagem do pensamento, que não precisa de palavras, me transmite, em linhas gerais, o que vai acontecer. Às vezes, vejo imagens, cenas que vou descrevendo. Junto tudo, construo as frases e submeto-as a ele. Se ficar do jeito que ele quer, ótimo, podemos editar. Se não, tenho que fazer de novo. E faço, com a maior boa vontade e confiança.

Não escrevo para viver. Escrevo porque gosto, porque acredito levar algum bem para as pessoas. Ajudando-as a se melhorar, a ser mais felizes, vou aumentando minha felicidade também.

É pelas nossas conquistas que a vida vale a pena, e só se pode chamar de conquista as coisas boas que aprendemos.

4

Minha relação com os animais

Não faço nenhum segredo do quanto gosto de animais. Durante a minha vida, tive muitos: gatos, cachorros e peixes. Ter animais é tudo de bom, e aproveito para falar um pouquinho de alguns desses companheirinhos que cruzaram o meu caminho.

Acho que muitos já sabem o quanto gosto de animais. De todos eles. De uns, gosto mais do que de outros, mas admiro a pureza que eles possuem.

Os animais não mentem, não matam por esporte, prazer ou maldade, não fingem ser o que não são para obter vantagens. São espertos, sim, mas a esperteza de alguns vem do instinto de sobrevivência, da necessidade de afeto, da luta por atenção. Alguns deles são muito parecidos conosco. Sentem ciúmes, raiva, fazem pirraça, malcriação, são possessivos e até rabugentos. Mas têm algo que é comum a todos os que convivem conosco. Possuem afeto.

Não sou aquele tipo de pessoa que prioriza os animais em detrimento do ser humano. Acho que há lugar para todos no mundo, e o sol brilha igualmente para minerais, plantas, animais e os homens. E se gosto de fazer bem aos animais, o que dizer das pessoas?

Os animais são muito especiais. Quando adotamos um animal, ele passa a ser responsabilidade nossa. É uma troca estimulante e imensamente compensadora. Cães e gatos, principalmente, são grandes companheiros.

Não tenho preferência por pássaros, tenho pena de vê-los engaiolados. Prefiro vê-los nas árvores, livres, usando as asas para realizar aquilo para que foram feitas: voar. Adoro peixes, mas desisti de tê-los porque dá muito trabalho cuidar de aquário, e eu já não tenho mais a disponibilidade ou a paciência que tinha antes.

Desde criança, tive contato com os bichinhos. Na minha infância, morava numa casa grande na Tijuca, com um quintal imenso (tinha até goiabeira, coqueiro e abacateiro).

Aí começaram os gatos. Chegamos a ter onze no total, além dos cachorros da minha avó. Na hora da comida, era uma farra. Minha mãe colocava duas bacias de carne com arroz (naquela época não tinha ração), e eles as rodeavam para comer. Era muito engraçado.

Eu, que vivi solta e livre, de pé no chão e brincando na rua, adorava me enroscar com os gatos. Pegava o mandachuva da gataria e subia com ele na goiabeira. Chamava-se Bilo, um gato grande, robusto, malhado. Permanecíamos lá um tempão, até ele ficar de saco cheio e me dar umas boas unhadas nas mãos para que eu o largasse. Eu nem ligava. Soltava o bichano e ia brincar de outra coisa.

Mais tarde, foi a vez da cadela pastor alemão. Samanta era muito linda, meiga, amiga, companheira. Foi uma pena quando morreu. Ela teve um problema (não me lembro qual) e precisou passar por uma cirurgia. Em casa, teve uma complicação à noite, e não conseguimos um veterinário de plantão para levá-la. Minha mãe e eu passamos a noite acordadas com ela, e quando chegou de manhã, meu irmão já estava tirando o carro quando ela simplesmente deu um suspiro e morreu. Foi muito triste... Ela deixou saudade.

Nesse meio, vieram mais alguns gatinhos, mas não marcaram tanto.

Já adulta, achei que era melhor, então, ter um aquário. Era lindo, cheio de peixinhos coloridos. Eu amava ficar olhando-os nadar, tinha um efeito calmante estupendo. Um dia, veio a praga. Um fungo, bactéria, sei lá, tomou conta do aquário. Mesmo colocando remédio, morreram quase todos os meus peixes.

Anos depois, comprei outros, agora para o meu filho. Mas o trabalho era muito, e eu devolvi todos os peixes para a loja. Mãe é bicho bobo mesmo. Sempre acredita quando o filho diz que vai cuidar do bichinho e acaba ficando com o trabalho todo pra ela.

Um dia, ganhei um cachorro, um coker spaniel chamado Yuri. Ele vivia agarrado comigo, dormia na minha cama, com a cabeça sobre a minha barriga. Quando meu filho nasceu, foi um problema. Lá foi o Yuri para a casa da minha mãe. Ele acabou me trocando por ela, nunca mais voltou para a minha casa. Morreu alguns anos depois, com a doença do carrapato. Também foi terrível. Fizemos de tudo, até hemodiálise e transfusão de sangue. Não adiantou. Doencinha danada, essa.

Meu xodó mesmo foi a Luíza, uma gatinha preta, felpuda, malcriada e muito brava. Não gostava de ninguém, arranhava todo mundo, menos a mim. À noite, costumava sair do apartamento e subir para o telhado do prédio, onde ficava até quase de manhã. Era caçadora, muito ágil, apesar de castrada. O problema é que tinha bronquite. Morreu aos seis anos, com uma crise tão violenta, que nem deu tempo de socorrê-la. Como eu chorei!

Agora, tenho uma duplinha em casa. Primeiro veio o Toby, um cão da raça shitsu que é uma graça. Quando ele chegou (caí mais uma vez na conversa do meu filho e comprei o cachorro), a Luíza ainda era viva e logo tratou de mostrar a ele quem é que mandava no pedaço. Era só ele bobear, que lá vinha ela com uma patada no focinho dele, coitado. Resultado: o cachorro tem trauma de gato até hoje.

Tentei depois uma outra gatinha, sagrado da Birmânia, mas não deu. Como todo gato, ela logo percebeu que o Toby tinha medo dela e aproveitou para se impor. Ela era pequenininha, tinha só dois meses, mas dava cada bote nele...! O Toby ficou tão deprimido com a presença dela, jogado pelos cantos, que não vi outra saída, a não ser dar a gatinha para alguém que cuidasse bem dela.

Agora, finalmente, consegui uma outra gatinha, vira-lata mesmo, branquinha, de olhinhos azuis. O nome dela é Suzy, tem pouco mais de um mês, é muito meiguinha, mansinha toda vida! Ela não implica com o Toby, mas ele ainda tem medo dela. Está se acostumando, acho que vai dar tudo certo.

Muita gente diz que não quer ter bichos porque eles morrem e a gente fica sofrendo.

É fato, mas tudo morre nessa vida. Eu lido bem com essa coisa de morte, muito pelo fato de ser espírita. Por isso, embora fique triste quando eles morrem, a tristeza passa, mas o amor por eles permanece.

Gosto de cachorros, mas adoro gatos! Os animais nos ajudam muito a desenvolver a afetividade, dão responsabilidade às crianças (a muito custo, é claro), fazem companhia, auxiliam os idosos a se sentir úteis e combater a solidão.

Respeitá-los é dever de todos nós. Nada de maltratá-los, de bater neles, abandoná-los nem arrastá-los pela rua. Eles são seres vivos, sentem dor, tristeza, decepção.

Quem não gosta de animais ou não tem paciência não deve tê-los. Ninguém é obrigado a ter um bichinho, muito menos a gostar dele. Mas respeito é fundamental.

Eu, que já aprendi como é importante respeitar a tudo e a todos, fico muito triste quando os vejo serem tratados sem amor.

Amo os animais tanto quanto amo viver, porque eles são uma parte muito boa da vida.

5

Por que deixei de comer carne

Sem pretender fazer qualquer tipo de julgamento, mas apenas relatar por que deixei de comer carne.

Há algum tempo, costumava ser uma pessoa bem carnívora, embora achasse que não devíamos comer os animais.

Sempre achei que eles tinham direito à vida, como qualquer um de nós. Ainda mais, sendo espiritualista, meu conhecimento sobre a alma dos animais me deixava com um certo sentimento de culpa, no entanto, por mais que pensasse assim, não conseguia deixar de comer, adorava um bom churrasco. Até que, um dia, algo aconteceu…

Foi numa viagem que fiz com meu filho a Conservatória, em julho de 2007. O lugar é lindo e fomos visitar um hotel-fazenda. Muito legal, até que me deparei com uma porquinha presa num cercado. Ela era imensa de gorda, presa, em pé, entre grades que não lhe permitiam ir para a frente nem para trás, nem se sentar ou deitar.

Durante algum tempo, permaneci parada, olhando para ela, meio em choque. Em meu íntimo, sabia o que aquilo significava: ela estava sendo engordada para morrer. O único significado de sua vida era a morte.

Acho que ela também sabia disso, porque pareceu que era o que tentava me dizer. Por uns instantes, nossos olhares se cruzaram. Pode parecer estranho ou birutice, mas, naquele olhar, ela me disse alguma coisa. Havia tristeza nele e, ao mesmo tempo, resignação, como se ela compreendesse a inevitabilidade do que estava para acontecer.

Mesmo assim, ela quis me transmitir a sua dor, uma dor que eu captei com uma pontada no coração. Meus olhos se encheram de lágrimas, fiquei olhando para ela durante um bom tempo, pensando na injustiça e na crueldade de tudo aquilo. Não me pareceu correto criar um ser vivo para conduzi-lo à morte. Achei cruel, injusto, covarde.

Como tive vontade de soltar aquela porquinha! Infelizmente, não podia. A fazenda não me pertencia, e não sou o tipo de pessoa que desrespeita a lei, já que, em meu trabalho, tenho por função, justamente, defender a lei.

Por mais que ache que os animais têm direito à vida, assim como nós, entendo que, aos olhos do Direito, eles são apenas coisas móveis, semoventes. São propriedade de alguém, e ferir o direito de propriedade era algo que eu não podia fazer.

Certo ou não, sou uma pessoa que respeita as leis, ainda que elas não me agradem, me façam sofrer ou me causem indignação, porque sou, eu mesma, uma pessoa da lei.

Então, na situação em que eu estava, não me restava alternativa senão lamentar o que ia acontecer. Do outro lado, meu filho, na ingenuidade de seus oito anos, brincava com alguns porquinhos, postos num cercado para divertimento dos visitantes. Todos filhotinhos, gritavam e corriam, com as crianças atrás. Meu filho não sabia, e nem aqueles filhotinhos, que, num futuro bem próximo, teriam a vida ceifada para servir de alimento a alguém. Olhando para eles, chorei.

Daquele dia em diante, nunca mais consegui pôr um pedaço de carne vermelha na boca. Ainda como frango e peixe, embora não faça isso com vontade. Tenho mesmo que me forçar a comer, porque não sinto prazer, mas preciso me alimentar, preciso de proteína e, infelizmente, não me dei bem com a soja.

Não estou aqui para julgar quem come carne. Não é isso que mede o caráter de uma pessoa. Há muitas pessoas que comem carne e são boas, enquanto há vegetarianos radicais e fanáticos, que querem, a todo custo, impor a sua verdade.

Já dizia Jesus Cristo que o mal não está no que entra, mas no que sai pela boca do homem. Não adianta nada não comer carne e maltratar os outros, falar mal da vida alheia, mentir, enganar e coisas do gênero.

O que conta no caráter de uma pessoa é o tamanho da sua dignidade.

Este é apenas um relato do que aconteceu comigo. Não recrimino quem come carne, não julgo, não discrimino, tampouco tento convencer ninguém a deixar de comer. Quem dera que o maior mal do mundo fosse esse. Não haveria ninguém matando nem roubando, nem fazendo guerras.

Na verdade, não falo nada, porque cada um sabe o que é melhor para si. Eu apenas fiz uma escolha e respeito as escolhas do próximo.

E minha escolha não foi nenhum tipo de imposição nem esforço. Deixei de comer carne não porque me obriguei a isso mas, simplesmente, porque não consigo mais.

E não tenho vergonha de dizer que eu amo os animais.

6
Umbanda, uma religião para todos

A Umbanda é uma religião livre de preconceitos e acessível a todos, sem qualquer tipo de distinção. Para conhecê-la, basta abrir o coração.

O preconceito decorre sempre da ignorância. Quando conhecemos a razão, o objetivo e o fundamento de alguma coisa, ela se desvenda aos nossos olhos e nos revela a sua essência, e aí estamos em condições de compreender. Depois que compreendemos algo, só continuamos no preconceito se quisermos. Se nos interessar.

Muitos dizem que compreendem, mas não aceitam. Se não aceitam, é porque, realmente, não compreendem. Entendem com a razão, como se somassem dois mais dois.

Mas se esse entendimento não passa pelo coração, o resultado é uma equação fria e impessoal, onde a resposta surge mais da lógica das aparências do que propriamente da percepção da natureza das coisas.

Assim é com a Umbanda, a religião brasileira por excelência e que sempre foi alvo de todo tipo de preconceito.

Muito se tem falado a respeito desse culto e de seus rituais e, através dos anos, a Umbanda sofreu (e sofre ainda hoje) ataques veementes por parte daqueles que não conseguem ainda se desapegar de velhos conceitos.

Se acreditarmos que tudo na vida tem um porquê, veremos que a Umbanda também tem os seus motivos. Afinal, Deus é onipresente, e ninguém há de se atribuir o privilégio de ser exclusivo na transmissão de Sua mensagem, que é a mensagem do amor.

Não só a Umbanda, como qualquer prática religiosa voltada para o bem e o cultivo dos verdadeiros valores do espírito, está apta a transmitir a palavra de Deus.

Antigamente, tratava-se a Umbanda como religião dos pobres e ignorantes, daqueles que, sem conhecimento ou cultura, buscavam uma saída milagrosa para seus problemas e aflições.

Sem validação científica ou mesmo religiosa, a Umbanda era vista como uma prática fetichista que oferecia uma solução baseada mais na indução do que na efetiva resolução das dificuldades.

Em troca de agrados, o interessado poderia obter uma graça ou benesse. E, se conseguia um efeito positivo, isso nada mais era do que mera coincidência ou resultado de práticas mais seguras, como tratamentos médicos, por exemplo.

Nada disso é totalmente errado. A Umbanda é, efetivamente, uma religião de pobres e ignorantes. Mas é também de doutores e ricos, de brancos e negros, de homens e mulheres, de enfermos e sãos, de hétero e homossexuais... é, enfim, uma religião para todos.

Porque a Umbanda desconhece o preconceito e as diferenças sociais. Nela, há espaço para todo tipo de gente, para todo aquele que esteja em busca do autoconhecimento e de uma vida melhor.

Sem abandonar a essência da doutrina de Jesus, adota práticas que vieram dos negros e dos índios, numa clara demonstração de que todos estamos em busca da mesma verdade divina.

Porque tudo, em realidade, é uma coisa só. Deus não criou religiões nem fez qualquer distinção entre as que foram criadas pelo homem.

É o próprio homem quem estabelece essas diferenças, julgando agradar a Deus mais do que o seu irmão, quando, na verdade, a única coisa que agrada a Deus é a prática constante do amor.

Do amor decorrem a amizade, o respeito, a compreensão, a caridade, a harmonia e outros tantos sentimentos nobres. Então, estaremos em equilíbrio com as forças divinas sempre que imbuídos dessas qualidades. Não importa que religião professemos: espírita, protestante, budista, umbandista, católica, ou religião alguma...

O que realmente tem importância é com o quanto de amor estamos dispostos a contribuir para a melhora do mundo. Essa é a verdadeira religião, a única que pode nos religar a Deus.

Por isso, devemos nos despir do preconceito e nos permitir conhecer e respeitar todo tipo de religião. Todas têm alguma coisa de bom. Podem não ser a mais condizente com os nossos anseios ou com a nossa inteligência, ou com a nossa sensibilidade.

Mas atendem aos anseios, à inteligência e à sensibilidade de alguém, e quem somos nós para dizer que o que sentimos é onde está a razão? Sem críticas, preconceitos ou ideias preconcebidas, todos temos a lucrar com novos conceitos e novos valores, que, na maioria das vezes, falam direto ao nosso coração.

Que aqueles que ainda não conhecem a Umbanda possam desanuviar suas mentes e se permitir conhecer as suas práticas e os seus fundamentos. Esta é uma religião que não discrimina, não julga e recebe todos de braços abertos, como irmãos, filhos e amigos.

7

A verdade

A verdade é um dos maiores valores que o ser humano pode cultivar e deve sempre ser revelada com amor e serenidade.

A verdade é um dos valores eternos e inalienáveis do espírito, e deve ser límpida e pura, transparente qual um fio de água que escorre da pedra.

Há de ter também um grau elevado de serenidade, sem abrir mão da firmeza, porque falar com aspereza nem sempre é sinal de ser firme.

Quando um mestre diz uma verdade, ele não se altera, porque a verdade, por si só, é tranquila e não necessita de defesas inflamadas, porque ela própria é a voz da defesa de si mesma.

Se a verdade agride, ela não é propriamente verdade. É mais uma arma de coação ou intimidação do que uma amostra simples das coisas.

Dizer a verdade não é submeter ou humilhar, mas colocar cada coisa em seu lugar de forma simples e amorosa. Ninguém atira um enfeite de cristal sobre a prateleira, porque ele se quebra. É preciso tratar o cristal com amor e cuidado, porque ele é um ser sensível, e aquele que o manuseia é responsável pela sua integridade.

Da mesma forma, não devemos simplesmente atirar a verdade sobre o outro como se ela fosse um bloco de concreto. Se assim o fizermos, ela se partirá em fragmentos sem sentido, e a prateleira a qual se destinava permanecerá vazia. Não terá, portanto, nenhum efeito, ou poderá surtir efeito contrário, rompida em pedacinhos que cortam e ferem com raiva, mágoa, frustração.

Lembremo-nos sempre de que a verdade é o estado natural de todas as coisas, e não se ouve falar em mentiras da natureza. A natureza flui; o homem pensa. Se pensa, programa, e nem sempre aquilo que ele programa sai conforme a verdade.

A natureza se permite ser estudada a qualquer tempo, porque não inventa coisas para enganar o observador.

O único ser que engana quem o observa é o ser humano. E, como o maior observador do homem é a sua consciência, concluimos que ele sempre engana a si mesmo.

Que a verdade pura e serena possa se estabelecer em nossos corações como mais um dos muitos caminhos que elevam o homem à consciência de Deus.

8

O duplo etérico

Como o nome sugere, o duplo etérico é uma réplica sutil do nosso corpo físico, onde se situam os chakras etéricos e de onde os espíritos extraem o ectoplasma para a realização de diversos fenômenos mediúnicos, em especial, a materialização.

Todo mundo já ouviu falar em duplo etérico, embora nem todos saibam bem o que isso significa. Esse pequeno texto visa a dar uma amostra geral do que seria o duplo etérico, sem ter a pretensão de se tornar um tratado científico nem uma abordagem completa do assunto.

Nosso corpo físico é constituído de matéria sólida, líquida, gasosa e uma parte mais sutil, formada pelas matérias etérica, superetérica, subatômica e atômica. As substâncias sólidas, líquidas e gasosas formam o corpo denso, e a contraparte mais sutil constitui o corpo etérico ou duplo etérico. Esse duplo interpenetra o corpo físico e é uma duplicata exata deste.

A qualidade do duplo etérico acompanha a do corpo físico, e ele será tanto mais puro quanto mais cuidados tivermos com o nosso corpo físico. Possui cor roxa ou azul acinzentadas, de pouca luminosidade e densidade mais ou menos grosseira, conforme o grau de purificação do corpo físico que lhe corresponde. Não pode ser captado pelas lentes das câmeras fotográficas comuns, mas uma definição de seu contorno pode ser obtida pela famosa fotografia Kirlian.

O duplo etérico está tão intimamente ligado ao corpo físico que as lesões sofridas por este repercutem naquele.

Assim por exemplo, nas amputações, em que é comum ao indivíduo sentir dor ou mesmo coceira no membro amputado. Isso se deve ao fato de que a contraparte etérica daquele membro não desaparece com a extração da parte física, fato que pode ser observado por clarividentes mais treinados.

O duplo etérico possui duas funções básicas. A primeira é de absorver e distribuir a energia ou fluido vital proveniente do sol, chamada prana, por todo o corpo físico. A segunda é servir de intermediário entre o corpo físico e o astral, transmitindo a este as impressões captadas pelos nossos cinco sentidos físicos.

Mas não pode servir de veículo independente da consciência. Todos nós temos sete corpos ou veículos, através dos quais podemos nos manifestar na natureza. Cada um desses corpos possui características próprias e uma certa independência que o duplo não possui. Longe do corpo físico, ele se desagrega e perece.

Na superfície do duplo estão situados os chakras etéricos, a uma distância de aproximadamente seis milímetros do corpo físico. Os chakras são vórtices em forma de sino ou flor e são a porta pela qual o cérebro pode tomar contato com os mundos sutis, como ocorre com a clarividência, por exemplo.

É através dos chakras que flui a energia essencial à sobrevivência do duplo etérico. É por seu intermédio, também, que são realizadas as duas funções do duplo etérico: são os chakras que absorvem e distribuem o prana do corpo físico ao duplo etérico, e transmitem à consciência física a qualidade própria do correspondente chakra astral.

Quando vivemos experiências no plano astral (mundo dos sonhos ou dos desencarnados), podemos ou não retê-las em nossa memória. Quando os chakras etéreos estão totalmente desenvolvidos, o cérebro retém essas vivências.

Ao contrário, se ainda não se desenvolveram, o duplo etérico não consegue passar as lembranças do mundo astral ao físico, e de nada nos recordamos ao acordar.

O duplo etérico possui também importante papel nos processos mediúnicos. É dele, por exemplo, que o espírito retira o ectoplasma com que procederá aos fenômenos de materialização.

Somado ao fluido astral, o duplo etérico também propicia os chamados fenômenos de efeitos físicos, como ruídos e movimentos de objetos sólidos.

Kardec se refere ao duplo etérico como fluido animalizado, que pode ser separado do corpo físico apenas momentaneamente, permanecendo ligado a ele por um tênue cordão de prata. Se esse cordão se rompe, a separação é definitiva e ocorre a morte do indivíduo, em face da cessação de distribuição do fluido vital pelo corpo físico.

No momento da morte, o duplo não se afasta definitivamente do corpo físico, mas permanece pairando sobre ele, formando então um espectro que em breve irá se decompor.

A alma então está pronta para vivenciar a vida astral em sua plenitude, preparando-se para uma nova etapa reencarnatória.

9

Amai os vossos inimigos

> Tudo o que apontamos em nossos inimigos, na verdade, apontamos em nós mesmos. Porque não existem, realmente, inimigos, mas seres que, assim como nós, possuem seus medos e dificuldades a vencer.
>
> (Capítulo XII de *O Evangelho Segundo o Espiritismo*)

Um inimigo não é alguém para se odiar ou repudiar. Não é uma pessoa má, mesquinha ou cruel. Tampouco é falsa ou indigna de confiança. Um inimigo é alguém que, assim como nós, vê com olhos retorcidos a pessoa comum e carente de amor que costumamos ser.

E nós, assim como ele, julgamos com a sombra de nossos próprios sentimentos, reconhecendo nele o orgulho que nós próprios temos.

Um inimigo não é uma pessoa diferente de nós, mas o eco daqueles pensamentos que lutamos desesperadamente para esconder de nós mesmos.

Nós somos o maior inimigo de nós mesmos, porque sentimentos ruins lutam contra a nossa felicidade. Somos responsáveis por tudo o que nos acontece, e o outro é apenas um reflexo daquilo que nós mesmos estamos sentindo.

Quando modificamos nosso padrão vibratório, nutrindo nosso corpo astral (ou perispírito) com sentimentos mais nobres, o outro acaba correspondendo ao nosso sentir, porque as vibrações emitidas por seus sentimentos endurecidos não terão mais abrigo em nossos corações.

Amar os inimigos é uma vitória da alma sobre si mesma. Aquele que consegue amar um desafeto desfaz os elos da inimizade, pois o amor puro e genuíno é incompatível com ela.

E, mesmo que o antigo inimigo ainda abrigue por ele ódio em seu coração, esse sentimento não será capaz de alcançá-lo, porque a sintonia necessária para atração das energias não se estabelecerá.

Mas esse amor para com os inimigos é algo muito difícil de se alcançar. O que conseguimos, na maioria das vezes, é uma certa tolerância, fruto da nossa imperfeição.

Precisamos ser sinceros e assumir que não é fácil, em vez de mentir para nós mesmos dizendo que não guardamos rancores, nem mágoas, nem ressentimentos. Somente reconhecendo as nossas dificuldades e deficiências é que estaremos em condições de modificá-las.

Tamanha dificuldade é, até certo ponto, justificável e explica-se pela lei das afinidades. Pensamentos ruins geram ondas fluídicas carregadas de sensações ruins e podem causar mal-estar, ao passo que as ondas enviadas com os bons pensamentos trazem simpatia e prazer.

Devemos, portanto, prestar atenção ao que estamos sentindo e pensando, porque a pessoa que é objeto do nosso pensamento estará recebendo tudo o que lhe enviarmos, assim como estamos aptos a captar, energeticamente, os pensamentos dela.

É fundamental que reconheçamos que as dificuldades por que atravessamos são nossas, não do outro. Se não conseguimos perdoar nem diluir a inimizade, é porque não estamos ainda preparados para nos desapegar do sentimento que nos une ao inimigo.

Não é o outro que nos provoca, ou dificulta, ou irrita, ou nos maltrata, ou nos agride. Somos nós que nos deixamos atingir dessa forma, em virtude de sentimentos semelhantes que vibram em nós.

Não precisamos, contudo, nos culpar quando não conseguimos perdoar. O importante é o esforço contínuo empregado na reforma de nós mesmos. Se não estamos ainda em condições de amar o inimigo, ao menos vamos tentar não odiar, não alimentar desejos de vingança, não tripudiar nem ser oportunistas, aproveitando as situações que a vida coloca diante de nós para humilhar ou zombar dele. Notamos que estamos começando a amar nosso inimigo quando o mal que o atinge não nos dá prazer.

Oremos por nós e pelo inimigo, para que, juntos, possamos alcançar a compreensão de que não há felicidade sem amor.

10

A lei do trabalho na evolução do ser humano

Toda atividade útil é trabalho, e todos nós estamos em condições de realizar algum trabalho em benefício da humanidade. Cabe a cada um descobrir onde poderá ser útil ao aperfeiçoamento material, espiritual e moral do mundo em que vivemos.

(Capítulo 3 de *O Livro dos Espíritos*: Lei do Trabalho)

Todos nós somos regidos por leis, e uma das leis da natureza é a lei do trabalho, que está intimamente ligada à lei do progresso. O trabalho é uma imposição social, e é por meio dele que provemos nossas necessidades e prazeres. Por intermédio do trabalho, também aperfeiçoamos a nossa inteligência e as nossas relações interpessoais, desenvolvendo a solidariedade, o respeito, a harmonia e o amor.

Devemos entender como trabalho tudo aquilo que contribui para o crescimento individual e da coletividade. Toda ocupação útil é trabalho e, nesse sentido, o trabalho não está limitado às ocupações materiais, envolvendo também as espirituais. Trabalhar num escritório, assim, é tão importante como trabalhar numa igreja, casa espírita ou qualquer outro templo religioso.

Em tudo na natureza, está presente o trabalho. Todas as coisas trabalham, desde as pedras e as plantas até os reis e presidentes. Cada um tem a sua função. Ninguém nasceu para viver na ociosidade. Uma pedra tem uma função, uma planta tem uma função, as formigas têm sua função na natureza.

A diferença entre nós e os animais, as plantas e as pedras é que eles não trabalham para o desenvolvimento espiritual ou do pensamento. O trabalho dos animais é voltado para a conservação da sua espécie, ao passo que o nosso contribui para o progresso da humanidade e o nosso aprimoramento como seres humanos.

O trabalho não é exclusivo daqueles que precisam sobreviver. Mesmo quem tem muito dinheiro deve buscar um trabalho. Se não precisa lutar pela subsistência material, deve sempre procurar alimentar o seu espírito e aperfeiçoar a sua inteligência com o estudo, as artes, os esportes etc, colaborando, assim, para o auxílio de si mesmo e do próximo.

Nada na vida acontece isoladamente. Nosso trabalho está intimamente ligado às nossas necessidades de aprimoramento e à parcela de colaboração que podemos dar ao mundo.

Na maioria das vezes, o trabalho que desempenhamos está associado aos reajustes que precisamos fazer com a nossa consciência, o que nem sempre é agradável. Nada, porém, acontece por acaso. Podemos não gostar do que fazemos, mas vamos escolher a profissão que está de acordo com aquilo que precisamos evoluir.

Há os que trabalham em demasia sem uma remuneração condigna. Isso não acontece por azar ou castigo. Estamos aprendendo a lição da vida, que vem nos mostrar a dar valor àquilo que não soubemos valorizar no passado.

Quem trabalha de forma exaustiva, muito provavelmente, não soube reconhecer como é importante possuir um trabalho digno e entregou-se ao vício, à ociosidade, ao roubo, à preguiça e outros males semelhantes.

Ganhar bem, por outro lado, pode ser resultado do merecimento. Quem já aprendeu a lidar com o dinheiro em outras vidas, no sentido de reconhecer o valor aparente e transitório que ele tem, pode fazer jus à conquista e manutenção de um patrimônio material. Bens materiais são úteis e bons, mas são ilusórios, na medida que não são eles que poderão construir a realidade da nossa vida futura. O que enriquece, verdadeiramente, o ser humano, é a quantidade de sentimentos nobres que ele já apreendeu.

Daí resulta que a riqueza pode também constituir uma oportunidade de exercitarmos o desapego, o altruísmo e a caridade. Muitas vezes, em vez de nascermos num ambiente de pobreza, podemos atrair a fortuna para a nossa vida, a fim de irmos nos despindo do apego, do egoísmo e do orgulho.

Não podemos esquecer que a retribuição financeira pode ser o resultado do esforço pessoal e da fé em si mesmo e na divindade. Todo aquele que crê em sua capacidade e luta pelo que quer tem muito mais chances de progredir do que o que permanece estagnado na falta de iniciativa.

Cada um de nós deve estar consciente do nosso lugar no mundo e das possibilidades que podemos desenvolver. As oportunidades que a vida oferece, oferece a todos indistintamente.

Apenas uns são mais persistentes do que outros, lutam mais do que outros, se esforçam mais do que outros, acreditam mais do que outros. É preciso que lutemos contra o costume que a nossa alma adquiriu de nos julgar não merecedores das coisas boas e da felicidade.

Vamos orar mais.

Não existe no mundo situação irremediável ou irreversível. Todavia, para modificarmos algo em nossas vidas, é preciso que acreditemos em nós mesmos e nos livremos de sentimentos que nos amarram às dificuldades, como a culpa, o medo, o orgulho e a desvalorização pessoal.

Vencer o obstáculo pode não ser tarefa das mais fáceis, contudo, não é impossível.

Enquanto se está vivo, tudo o que é próprio da matéria física pode ser alcançado e superado. Só depende de nós.

11
As formas--pensamento e a moral do homem

Todo pensamento cria uma forma, e a natureza dessa forma, se agradável ou não, só depende de nós.

Há muitas coisas que se poderiam dizer sobre as formas-pensamento, mas uma abordagem completa não seria conveniente no pequeno espaço deste livro. Vou tentar, então, me ater ao que considero mais importante com vistas ao nosso crescimento moral.

Todo pensamento produz uma imagem, que, normalmente, fica flutuando, mais ou menos, no nível dos nossos olhos, e permanece ali até que o pensamento se desfaça.

Essa imagem, chamada comumente de forma-pensamento, ganha uma vida inteligente e é animada pelo tipo de sentimento ou pensamento que a gerou. Assim, se o teor do nosso pensamento é alegre, vamos criar uma forma-pensamento bonita e vibrante de alegria.

Ao contrário, se pensamos em dor, a forma-pensamento assim gerada será lúgubre e de vibração densa e pesada.

Uma vez criada, a forma-pensamento vai fazer o possível para sobreviver e vai se alimentar de pensamentos semelhantes ao que a gerou. Além disso, formas-pensamento de igual teor se atraem e se fortalecem mutuamente, gerando uma energia muito mais intensa.

Como pensamos e sentimos ao mesmo tempo, as formas-pensamento são feitas de matéria dos nossos pensamentos ou, o que é mais comum, dos nossos pensamentos e sentimentos.

Um pensamento puramente intelectual ou impessoal, tal como a matemática, movimenta apenas matéria mental, ao passo que, se o pensamento traz algum sentimento ou desejo, estará também atraindo matéria emocional.

Se nós temos um pensamento pessoal, que diga respeito apenas a nós, a forma que gerarmos permanecerá ao nosso redor, influenciando apenas a nós mesmos.

Além disso, como também somos como ímãs, vamos atrair outras formas-pensamento afins que irão fortalecer as nossas próprias. Essas formas-pensamento ficam reagindo sobre nós e se reproduzindo, instalando, com isso, os nossos hábitos de pensamentos e sentimentos.

Daí ser tão importante nos acostumarmos a ter bons pensamentos e sentimentos, para que as formas assim geradas, através da repetição, criem em nós o hábito de cultuar os bons valores.

Caso alimentemos constantemente pensamentos e sentimentos negativos e prejudiciais, estaremos facilitando a criação de vícios e preconceitos que mais tarde se tornarão difíceis de ser modificados.

No entanto, como a nossa força de vontade é arma poderosa contra os nossos maiores inimigos íntimos, podemos gerar formas-pensamento de força contrária, insistindo para que permaneçam e se sobreponham àquelas perniciosas que desejamos abolir.

Por isso é tão difícil, às vezes, modificar certos "pré-conceitos" e abandonar os vícios, porque as formas-pensamento não desejam abrir mão de seus hábitos.

Como precisam de nós, da nossa matéria mental e emocional para sobreviver, vão insistir na repetição do pensamento/sentimento nocivo, cabendo a nós, através do estabelecimento da vontade verdadeira, destruir essas formas e substituí-las por outras mais construtivas e úteis.

Quando direcionamos o nosso pensamento para outra pessoa, três coisas podem acontecer:

1 - Se a pessoa estiver em sintonia com o pensamento/sentimento, a forma que lhe foi direcionada vai conseguir penetrar em seu campo áurico, fortalecendo o sentimento ou pensamento que ela já tinha. Exemplo: se estou com raiva por ter brigado com um conhecido e alguém me envia uma forma-pensamento de raiva, ela, imediatamente, vai me atingir e aumentar ainda mais a minha raiva, fortalecendo a discórdia.

2 - Se a pessoa não estiver em sintonia com a forma-pensamento, ela fica suspensa ao redor dela até que seus pensamentos deem uma brecha para que a forma penetre e a influencie. Exemplo: estou de bem com um colega, o que impede a penetração da forma-pensamento. Como, porém, a nossa relação é frágil e tumultuada, no primeiro desentendimento, a forma-pensamento penetra e estimula ainda mais a discórdia entre nós.

3 - Se a pessoa não tiver sintonia alguma com a forma-pensamento, ela vai ser rebatida pela sua aura e vai voltar para quem a mandou.

Exemplo: eu e meu amigo sempre nos tratamos com amorosidade, respeito e cordialidade, ainda quando discordamos sobre determinado assunto. A forma-pensamento chega e fica nos rondando, à espera de um desentendimento. Como nós não nos desentendemos, ela desiste e retorna para quem a mandou.

As formas-pensamento dirigidas a outras pessoas vão sempre tentar atingir o alvo, mas somente o conseguirão se uma sintonia for estabelecida, seja para o bem ou o mal. Se ela não consegue penetrar na pessoa a quem é dirigida, volta-se contra quem a mandou. Se foi um bem, quem enviou esse bem sente ainda mais bem-estar.

Nossos pensamentos possuem grande poder, e é por isso que precisamos ter muito cuidado com o que sentimos ou pensamos, seja para nós, seja para o outro. Se não vigiarmos os nossos pensamentos, sentimentos e atitudes, poderemos gerar formas-pensamento prejudiciais a nós mesmos e ao próximo.

Quando desejamos mal a alguém, esse mal vai gerar uma forma-pensamento que sai da nossa mente direto para a pessoa alvo, podendo nela penetrar e lhe causar males pelos quais teremos que responder depois. Ou então, se a pessoa não merecer, não estabelecerá a sintonia, e quem vai receber todo aquele mal seremos nós.

Orar e vigiar é a melhor maneira de gerarmos formas-pensamento bonitas, luminosas e radiantes, capazes de levar bem-estar a nós e a todos.

Quando rezamos, trazemos para o nosso plano partículas da força divina que inunda o universo, iluminando a nossa alma e a daqueles que nos cercam.

Nos planos mais elevados existe uma corrente constante de energia pronta para se derramar sobre o nosso mundo logo que um canal seja aberto.

E um dos meios de abrirmos essa passagem é através da oração, que faz descer sobre nós uma chuva de energia benéfica, que fortalece e eleva quem está orando. Uma oração jamais é perdida.

Quando oramos, sempre sentimos bem-estar, sensação de conforto, de acolhimento, de paz, serenidade.

Como formas-pensamento de igual teor se atraem, se cada um de nós fizer uma oração, por mais pequenina que seja, os fluidos benéficos aí gerados vão se irradiar sobre nós, ao mesmo tempo em que se sentirão atraídos por outros fluidos semelhantes, aos quais irão se juntar para derramar mais e mais energias positivas e reparadoras.

Todos nós estamos em condições de orar. Se cada um fizer a sua parte, a resposta do Alto será única para todos, pois os canais acabarão se unindo aqui na Terra e formando uma corrente única e constante de amor.

12

Feliz Natal

Devemos aproveitar a noite de Natal para receber a visita de Jesus e pedir pela paz no mundo e nos corações.

Especial é a noite de Natal. Alguns dizem que essa não foi a verdadeira noite em que Jesus nasceu, mas isso não importa. O que importa é que todo o mundo cristão forma uma corrente de pensamentos de amor nessa noite, o que é suficiente para que Jesus seja lembrado, porque ele é amor em sua essência.

Dizem também que Papai Noel não existe, mas ele é o próprio Espírito do Natal que preenche os corações de todos aqueles que creem na bondade do mundo e têm fé no amor de Jesus.

Papai Noel pode não distribuir brinquedos às crianças boazinhas mas, com certeza, presenteia a todos com aquilo de que mais necessitam e merecem.

Aos doentes, mostra o caminho da cura. Aos pobres, incentiva na coragem e na crença da busca por uma vida melhor. Aos desiludidos, dá a esperança da renovação. Aos que têm fé, revela que tudo é possível, desde que se saiba o que e como pedir e se esteja pronto para aceitar o que a vida oferece.

Acima de tudo, Papai Noel é aquele que nos mostra o que merecemos e do que somos capazes se empregarmos a nossa força na luta pelo bem.

É muito bom festejar o Natal, estar com os amigos, presentear, desfrutar de uma ceia farta e saborosa.

Mas vamos tentar não nos esquecer daquele que nos proporciona todas essas coisas. Na noite de Natal, vamos reservar um espacinho no meio das comemorações para celebrar o aniversariante Jesus.

Entre as onze horas e a meia-noite, Jesus desce à Terra para nos abençoar e derramar sobre nós energias puras de luz, amor e paz. Para aproveitarmos essa corrente energética, basta que nos sintonizemos, que pensemos nele, ao menos por um pequenino instante, com fé e confiança.

Todo aquele que abrir o seu canal com Jesus receberá, em seu coração, um pedacinho da poderosa e radiante onda que dele irradia.

É penoso para Jesus descer ao nosso mundo tão denso. Mas ele faz isso por amor a nós, para nos presentear com o que há de melhor no mundo, que é o amor.

Contudo, se estivermos enfronhados na fofoca, entupidos de comida e afogados na bebida, pouco ou nada aproveitaremos dessa energia. É bom conversar, comer e beber, mas com moderação. Procuremos manter a nossa mente limpa e o coração sereno.

É preciso que aprendamos a dar o valor certo às coisas. Bens materiais, comida e bebida são importantes porque fazem parte da vida. Mas nada poderá suplantar os verdadeiros valores do espírito, que são aqueles eternos, que se consolidam em nossa alma por todas as nossas vidas à frente.

Na noite de Natal, no horário em que Jesus vem à Terra, vamos procurar nos concentrar, em família, com os amigos ou mesmo sozinhos, para ligar o botãozinho mágico que nos conecta com ele: vamos pensar em Jesus com amor e receberemos suas bênçãos de amor.

É só uma paradinha, não custa nada e vai nos causar imenso bem-estar.

Pensemos naquilo que realmente é importante para nós e para o mundo. Precisamos de amor e paz, e o mundo precisa, desesperadamente, de amor e paz. Mas o mundo somos nós, e é o que sentimos e vibramos que irá ajudar na construção da aura do nosso planeta.

Que tipo de aura queremos para a nossa Terra?

Vamos colocar nossos valores na balança e tentar valorizar as conquistas da alma e da moral. Lembremo-nos:

Onde está o seu tesouro, aí estará o seu coração.

Feliz Natal a todos!

13

A família espiritual

Muito mais do que os laços de sangue, nos unem os laços de espírito. Aí é que se encontra a verdadeira família, cujo maior propósito no mundo é o desenvolvimento dos elos de amor.

A família é um dos maiores fatores de crescimento que Deus pôs à disposição do homem. É pela família que nos unimos por laços de amor ou de ódio, reforçando afinidades ou criando novas. Seja harmoniosa ou não, a família tenta nos unir para que possamos desenvolver o sentimento maior que viemos aprender na Terra: o amor.

Quando nascemos, ganhamos uma família. Todos nós temos ou tivemos pais, e a primeira condição do ser humano, nesta vida, é a de filho. Sendo essa a nossa primeira condição na Terra, temos que reconhecer o esforço daqueles que nos permitiram aqui chegar.

Não é por outro motivo que o Evangelho diz: honrai vosso pai e vossa mãe.

A eles devemos, ao menos, a vida. Mas dever a vida não é simplesmente a oportunidade de estarmos aqui, neste mundo. Vai muito além disso. É através de nossos pais que começamos a realizar as experiências a que nos propusemos nesta vida.

Por isso, nossos pais nos dão a vida material e a espiritual também, porque é por meio deles que o nosso espírito se prepara para crescer.

Seria uma ilusão falarmos que todas as famílias vêm unidas por laços de amor. Nós sabemos muito bem que muitos estão juntos por elos de ódio, ressentimento, culpa etc. Daí vêm as dificuldades.

Muita gente se pergunta: por que fui nascer nessa família? Não tenho nada a ver com ninguém aqui. Tem. Se não tivesse, ia procurar outro lugar para reencarnar. Pode não ter afinidade de sentimentos ou pensamentos, mas, com certeza, possui afinidade na necessidade da experiência.

Quando duas pessoas nascem na mesma família e não se dão, é porque têm em comum a experiência do aprendizado da conquista do amor, do respeito e do perdão.

Qualquer um que conviva conosco faz parte da nossa família. Temos uma família de sangue, uma no trabalho, na escola, no templo religioso. Temos um pai, uma mãe e somos todos irmãos.

Por isso, podemos exercitar todos esses sentimentos uns com os outros. Diante da espiritualidade, ninguém é parente de ninguém e todo mundo é parente de todos. A família espiritual é imensa e abrange toda a humanidade, porque estamos todos ligados ao único Pai, que é Deus.

O mais importante de tudo é aprendermos o valor do amor. Seja em que família viermos, ou mesmo em família alguma. A solidão também é uma forma de aprendizado e crescimento, muitas vezes para que possamos reconhecer e dar valor aos laços de família.

Quando pensamos que aqueles que caminham conosco nada têm a acrescentar na nossa vida e procuramos nos afastar ou nos desfazer deles, talvez tenhamos que vir sozinhos para aprender como é importante ter alguém ao nosso lado, compartilhando o mesmo teto e enfrentando os mesmos problemas. Isso fortalece os laços de família e os de amor também.

Então, que possamos todos nos amar indistintamente, para aumentarmos cada vez mais a nossa família, que formaremos com aqueles seres com quem já tivermos conquistado o verdadeiro sentimento de amor.

14 Momento de reflexão

Páscoa é o momento de renovação de atitudes. Por meio da reflexão interior, o ser humano estará pronto para se libertar da era da ignorância e conhecer um mundo pleno de amor.

Já adentramos o período da Quaresma e precisamos aproveitar esse momento para fazer uma reflexão sobre a nossa vida, avaliando os valores que conquistamos, os que transformamos e os que já não nos servem mais.

Tudo para que, ao amanhecer do domingo de Páscoa, estejamos conscientes da renovação que precisamos empreender em nós e nos preparemos para dar o primeiro passo.

Para os hebreus, a Páscoa marca o êxodo pelo deserto e a passagem pelo Mar Vermelho, sob a liderança de Moisés. Os cristãos, originariamente judeus, também comemoravam a Páscoa, que teve seu significado ampliado com a morte e ressurreição de Jesus.

A Páscoa representa, então, a verdadeira passagem do Filho, deste mundo, para junto do Pai, realizando o definitivo êxodo para a Terra Prometida, sendo esse o destino final da humanidade.

Esse há de ser também o nosso destino aqui na Terra. Todos buscamos o aperfeiçoamento moral e vamos alcançando-o por meio da morte do corpo físico e da reencarnação. Mais cedo ou mais tarde, atingiremos um estado de consciência amadurecido e estaremos aptos a avaliar as nossas próprias atitudes e escolheremos os caminhos que melhor atenderão ao nosso burilamento nas encarnações seguintes.

A ressurreição de Jesus no Domingo de Páscoa não foi casual. A ideia de renascimento e liberdade já havia sido semeada nos corações de todos os homens desde então.

É preciso que sobrevenha a morte para que haja o renascimento, pois a morte desprenderá o espírito do invólucro material, libertando-o para a verdadeira vida, que é a espiritual. Por isso é que a ressurreição não se processa apenas em carne e osso. Alcançamos isso através da reencarnação.

O que a Páscoa vem despertar em nós é o renascimento de nossos espíritos, de nossos valores, da nossa moral. O momento é de renovar atitudes, não de nos apegarmos às velhas.

Vamos deixar morrer, dentro de nós, tudo aquilo que nos causa sofrimento e dor para que possam renascer em nossos espíritos novos valores de amor, justiça e perdão.

Estamos ainda muito apegados a pequenas coisas que entravam o nosso crescimento. Às vezes é difícil ceder, não conseguimos compreender o nosso irmão, julgamos muito, falamos mal e sabe-se lá o que mais. Essas atitudes vão envenenando os nosso corações, mas nunca de forma irreversível.

Quando tomamos consciência de que esses sentimentos, pensamentos e atitudes são prejudiciais a nós mesmos em primeiro lugar, alimentamos o desejo de modificá-los e empreendemos esforços para que isso aconteça.

Começa então o movimento de libertação de nós mesmos, das nossas amarras, de falsos e ilusórios valores aos quais fomos nos apegando no decorrer dessa vida e de outras.

Devemos evitar nos envenenar com pensamentos e sentimentos menos dignos. É preciso buscar o aprimoramento pela via do conhecimento, porque ele é a porta para a nossa a libertação.

Quanto mais conhecermos a nós mesmos, mais estaremos aptos a compreender o outro e a humanidade e, consequentemente, estaremos livres das ilusões que nos prendem a esse mundo tão tumultuado.

Deus e os amigos espirituais abrem uma porta na nossa mente para deixar entrar a luz do discernimento. São as intuições, os avisos silenciosos, as mensagens que nos chegam por vários meios: uma palavra, um *outdoor*, um filme, um comercial de televisão. Devemos estar atentos para perceber, na sutileza das coisas simples da vida, que Deus sempre fala aos nossos corações.

Vamos aproveitar esse período de Quaresma e voltar os olhos para dentro de nós mesmos. A Páscoa nos convida à reflexão, ao recolhimento interno, à análise de nosso papel no mundo e na história da vida.

Façamos uma avaliação de todas as nossas atitudes, da forma como procedemos, daquilo que já interiorizamos como certo e errado, do que ainda nos falta aprender.

Esperemos que, por meio da reflexão contínua, a humanidade possa cada vez mais se libertar e fazer renascer, no seio do nosso planeta, a semente de amor que Jesus aqui plantou.

15

Liberdade pelo perdão

O perdão é a maior virtude que o ser humano pode cultivar e é resultado direto do amor. Torna leve a alma e só faz bem. Todos, sem exceção, devem experimentá-lo.

Foi-se o tempo em que só as religiões se preocupavam com o perdão como forma de purificação espiritual. Hoje, a filosofia e a medicina também se dedicam aos efeitos do perdão, e ele está sendo considerado um dos mais importantes remédios para a alma. Além de ser a chave para a nossa libertação, libera o corpo de substâncias prejudiciais ao nosso organismo.

Ao perdoar, nos libertamos do passado, o que não significa, necessariamente, esquecê-lo. Significa que a lembrança dolorosa de algo que se passou não nos atinge mais, não nos incomoda nem nos traz sofrimento ou raiva.

Quando não perdoamos, a nós e ao outro, ficamos apegados ao que se passou e nos privamos de agir em favor da nossa vida.

Perdoar é um grande passo. Tudo aquilo que fazemos somos capazes de desfazer. Se sabemos como agredir, sabemos também como pedir perdão. Se soubemos escutar a ofensa, saberemos também ouvir o pedido de perdão.

É preciso, portanto, saber pedir e aceitar o perdão.

Quando sentimos muito ódio de algo que nos foi feito, nosso corpo astral fica impregnado de sombras espessas, que são diluídas com um simples perdão.

O perdão é, assim, um remédio para a nossa alma, capaz de purificar o nosso corpo emocional, porque liberta as nossas emoções de sentimentos densos.

Ficar entupindo o nosso corpo emocional de tantos sentimentos difíceis não dá. A gente vai ficando pesado, e o corpo fluídico acaba adoecendo e refletindo a doença no físico.

Se experimentarmos perdoar, veremos como vamos nos se sentir mais leve.

O perdão esvazia o corpo astral e injeta luz. E luz não pesa.

Nossos corpos físicos são bastante individualizados. O que sentimos na matéria densa, geralmente, fica somente conosco. Nossas dores físicas, normalmente, não são sentidas por outras pessoas além de nós, a não ser que estejamos próximos de alguém com uma sensibilidade acima do normal.

O mesmo não ocorre com os nossos sentimentos e pensamentos, que podem afetar outras pessoas. Nosso corpos emocional e mental, por não serem tão individualizados, irradiam-se para fora como uma onda e são capazes de impressionar quem esteja em sintonia conosco.

Por isso, precisamos assumir a responsabilidade pelo que sentimos e pensamos, e tentar modificar sentimentos e pensamentos que só nos fazem mal.

Se estamos com raiva, por exemplo, podemos contaminar alguém que esteja propício a ter raiva, e outro, e mais outro. No final, tem um monte de gente com raiva.

É claro que, se cada um é responsável pelo que sente e pensa, não podemos nos responsabilizar por aqueles que estão em sintonia conosco e que percebem o nosso sentimento ou pensamento.

Mas por que temos que ser nós o primeiro elo da cadeia? Não é muito melhor iniciar uma corrente do bem?

O perdão aciona essa corrente. Traz bênçãos para quem recebe e quem concede. É claro que isso não é fácil nem rápido. O perdão é uma virtude e, como toda virtude, precisa ser cultivado por muito tempo.

Por meio do nosso poder interior, precisamos ir exercitando o cultivo aos sentimentos e pensamentos nobres. Temos inteligência e a chance do conhecimento. Conhecemos o poder da oração.

Então, está na hora de a gente pegar essas ferramentas e usar em nosso benefício e, consequentemente, do outro também. Mesmo que não consigamos da primeira vez, vamos tentar. É por meio da persistência que alcançamos os nossos objetivos, e o perdão há de ser um deles.

É difícil perdoar quando reagimos da mesma forma como fomos agredidos, ou seja, revidando. Tudo o que fazemos, falamos e pensamos gera seu universo particular, e se criamos dor para alguém, na verdade, estamos criando sofrimento para nós mesmos.

A lei de causa e efeito está aí para nos mostrar que, quando causamos um desequilíbrio na natureza, somos convidados a restituí-lo, de uma forma ou de outra.

Num primeiro momento, o revide pode nos dar a ilusão de alívio, de que estamos respondendo à altura, mas, toda vez que agimos dessa forma, trazemos inquietação e desconforto para a nossa vida.

As ofensas, em verdade, nada mais são do que uma oportunidade que a Vida nos dá de perdoar. Nós é que iremos escolher entre perdoar ou ficar magoados, com ódio ou ressentimento.

Nem sempre quando perdoamos, nos manifestamos para o outro, e ele nem fica sabendo que foi perdoado. Porque o orgulho, muitas vezes, nos impede de nos aproximarmos de nosso desafeto e, com um gesto de simplicidade, tentarmos a reconciliação.

A reconciliação é uma consequência direta do perdão.

Em vez de ficarmos procurando defeitos no outro, vamos tentar descobrir o melhor nas pessoas, porque todo mundo tem algo de bom.

Encontrar defeitos é fácil e qualquer um pode realizar, mas só os que são verdadeiramente sábios conseguem ver as qualidades de seus semelhantes.

Se tentarmos buscar o que cada um tem de melhor, nos despiremos do orgulho e conseguiremos compreender que somos todos ferramentas importantes na construção da obra divina.

16

Ética

Ética é a ciência da conduta. Envolve a filosofia e o direito, mas pode também ser compreendida do ponto de vista espiritual, pois aborda questões morais importantes para o desenvolvimento humano.

Ética é um conceito filosófico, que pode ser traduzido como ciência da conduta. A filosofia é a parte da ciência que nos fornece os valores, o sentido, os fatos e princípios gerais da existência, bem como a conduta e o destino do homem. E esses valores morais e princípios ideais da conduta do homem é que são o objeto da Ética.

A conduta humana é regulada pela moral e o Direito, que faz parte da Ética. A moral é constituída de valores que repercutem no foro íntimo de cada um e é ditada pelo espírito e pela inteligência.

Pode-se dizer que a moral atua mais no âmbito da consciência, pois suas consequências são internas, não gerando efeitos no mundo exterior.

O Direito, ao contrário, atua no âmbito externo, repercutindo para fora de nossa intimidade.

Uma conduta moral é aquela que atende à noção íntima que temos de certo e errado. Uma conduta conforme o Direito é aquela executada dentro das leis e princípios de cada povo.

Em sociedades como as do nosso planeta, o Direito é fator essencial para que possamos conviver uns com os outros. Nossa moral ainda não é elevada o bastante para que possamos prescindir de todo o ordenamento jurídico. Ainda necessitamos de alguém que nos imponha, pela força e pela coação, nossos direitos e deveres.

Apenas a lei é capaz de obrigar alguém a fazer ou deixar de fazer alguma coisa. Isso é necessário para que possamos aprender, em primeiro lugar, o respeito ao outro, sabendo que o nosso direito termina onde começa o direito alheio.

Daí se pode concluir que, talvez seja fácil burlar as leis humanas, mas a lei moral que a consciência aponta jamais será ludibriada.

O caráter de mutabilidade é próprio das leis humanas, que vão se modificando para acompanhar a evolução de cada povo em cada época.

As leis divinas, por sua vez, são eternas e imutáveis, porque regem o equilíbrio e a harmonia do universo, que não está sujeito a oscilações repentinas.

Se começarmos a exercitar valores éticos, chegará o dia em que estaremos prontos para prescindir de normas jurídicas. É claro que isso não é fácil nem acontece de uma hora para outra. É preciso, em primeiro lugar, que se mude toda a consciência de um povo para que se modifiquem, também, as suas leis.

E para que isso aconteça, alguém precisa lançar a semente. As mudanças não são obra de um espírito isolado. São consequência da vontade de muitos espíritos, encarnados ou não, que unem esforços na tentativa de melhoria em prol do bem comum.

Somos todos responsáveis pelas mudanças de consciência dos povos. Se dermos o primeiro passo no caminho da modificação dos valores, nossos pensamentos e sentimentos de harmonia, equilíbrio e amorosidade cairão na consciência geral, e o que antes era lei humana passará a ser tão somente parte da lei divina.

17

Coragem para viver

O amadurecimento das nossas mentes requer coragem do nosso espírito para aceitar que precisamos nos modificar.

É preciso coragem para viver nesse mundo. Coragem para enfrentar os perigos, encarar dissabores e, acima de tudo, olhar para dentro de nós. Porque o que somos é que faz com que atraiamos todas as situações com que nos deparamos na vida.

Não adianta ficarmos na reclamação, como se o mundo fosse injusto conosco, e nós fôssemos apenas mais uma vítima da sociedade. Não existem vítimas, e os algozes, somos nós que criamos. Tudo o que nos acontece é gerado por nós, sejam coisas boas ou não tão boas assim.

Acusar o outro também não é o melhor caminho. A tendência natural do ser humano é desculpar os seus atos transferindo-os para alguém.

Não é bem assim. O que fazemos só a nós pertence. Por mais que tentemos passar adiante as nossas responsabilidades, elas sempre acabam voltando para nós.

Toda vez que tentamos empurrar para a frente as nossas responsabilidades, vamos nos enredando cada vez mais nas armadilhas da vida, que são colocadas no nosso caminho, não para que tropecemos e caiamos, mas para que consigamos abrir os olhos e possamos despertar.

Quando assumimos o que fazemos, por pior e mais errado que possa parecer, a vida sempre dá um jeito de nos recompensar. Basta que estejamos atentos para perceber e não fiquemos presos na nossa visão distorcida do bem.

O bem nem sempre é como pensamos. Para nós, o bem é tudo aquilo que não nos causa sofrimento, mas esquecemos de ver que às vezes, nos machucamos um pouco para evitar sofrimentos futuros muito maiores.

É como alguém que leva um tombo e não pode ir a uma festa onde houve um grande assalto. Onde é que está o bem?

Precisamos confiar na vida, porque ela é emanação direta do poder da divindade. E a vida sempre nos favorece, porque Deus caminha ao nosso lado derramando sobre nós partículas de amor. Quem é sábio, vai recolhendo-as. Quem não é, deixa-as passar.

Mas, como o poder de Deus é infinito, Ele nunca vai deixar de jogar amor em nosso caminho. E um dia, quando chegar o momento certo de amadurecer, quem deixou o amor passar lá atrás vai abrir os olhos e apanhar umas partículas também. É assim que a gente aprende e cresce.

Para que tudo isso aconteça, precisamos ter a coragem de apertar o botão do discernimento em nossas mentes.

Ninguém amadurece cem anos em um dia, mas um dia de amadurecimento já é melhor do que vários anos de ilusão.

18

Liberdade e livre-arbítrio

Mesmo que a divindade conheça todos os nosso passos, nós não os conhecemos. Por isso é tão importante, para nós, a compreensão do livre-arbítrio.

A liberdade pode ser conceituada como o estado em que a pessoa vive e exerce a sua vontade sem restrições ou coações externas, seja de ordem física, seja de ordem moral.

Todo homem nasce livre e vai, aos pouquinhos, se apegando a falsos e ultrapassados valores que vão aprisionando-o a suas próprias crenças.

Para ter liberdade, é preciso ter também responsabilidade. O homem tem o seu livre-arbítrio. Por mais que não caia uma folha da árvore sem que seja da vontade de Deus, ainda assim, o livre-arbítrio acontece. Deus pode conhecer todas as nossas escolhas, mas nós, não.

Para nós, é importante vivermos o livre-arbítrio, ainda que ele seja uma ilusão da divindade para impulsionar o nosso crescimento.

Somos seres humanos em evolução, dotados de faculdades intelectuais e morais que se desenvolvem à medida que vamos encarnando e reencarnando.

Hoje, somos mais do que selvagens, que agiam mais por instinto do que por vontade. Temos capacidade de compreender e de discernir, o que nos dá a liberdade de escolha de nossos próprios caminhos.

Não temos o direito de escolher por ninguém. Por mais louváveis que sejam as nossas intenções, por mais que desejemos proteger o outro, é o outro que sabe o que é melhor para ele, não com a visão do aqui agora, mas com os olhos voltados para o futuro, para o crescimento da alma. E o que é melhor para a nossa alma, só nós é que estamos em condição de dizer.

Vamos aproveitar a liberdade que Deus nos deu de fazer as nossas próprias escolhas e vamos usar essa liberdade com sabedoria. A desculpa da ignorância não nos serve mais, porque conhecemos, ou estamos em condições de conhecer, os resultados que nossas ações podem causar.

Quando o livre-arbítrio é utilizado com respeito e ponderação, ele vai libertando a nossa alma, cada vez mais, dos grilhões da ignorância e vai fazendo diminuir, para nós, o nosso círculo de existências terrenas.

Mas, ao contrário, quando ele é exercido de forma desmesurada, irresponsável e inconsequente, vai acorrentando o nosso espírito às teias do comprometimento, fazendo com que nos tornemos prisioneiros da nossa própria teimosia e da ilusão passageira de vitória sobre a vida, a morte e Deus.

19
O que é ser uma criança índigo

As crianças índigos são seres especiais que vieram somar forças e conhecimentos em prol do crescimento do nosso planeta. Como todas as crianças, precisam de amor, compreensão e respeito.

Hoje em dia, é comum a gente ouvir falar de crianças índigo, que estão encarnando entre nós desde a década de 1970, intensificando-se na de 1980. São seres com poderes especiais, que vieram ao nosso planeta para ajudar a impulsionar o nosso progresso. Seu nome deriva da cor índigo de sua aura, sendo a frequência índigo de alta vibração espiritual, demonstrando manifestação dos centros energéticos superiores (6º e 7º chakras).

Vieram, segundo Divaldo Franco, de um grupo de estrelas chamado de Plêiades, cujo sol é Alcione, centro da nossa galáxia. Várias escrituras de várias religiões se referem às Plêiades como de grande importância na evolução do nosso planeta.

E isso porque, segundo alguns estudiosos, a energia proveniente de Alcione trará uma luz de pureza aos seres humanos.

Dizem que as energias de Alcione são exclusivamente cósmicas e produzirão uma luz constante que durará aproximadamente dois mil anos. Será uma luz atérmica, sem calor, que não produzirá sombra, capaz de iluminar todos os seres e todos os lugares, tanto externa quanto internamente.

Essa questão sobre Alcione é bastante controvertida. Afirmam os astrônomos que ela não é o centro da galáxia e que a Terra está se afastando dela.

Verdade ou mentira, o fato é que as crianças índigo estão aí, e ninguém pode negar que são diferentes. Também não se nega a verdade incontestável de que o planeta está mudando.

Assim como, há milhares de anos, os habitantes de Capela vieram ao nosso planeta para ajudar no progresso da humanidade, naquela época ainda muito rudimentar, também os índigos chegam até nós para dar essa mesma ajuda, preparando o nosso planeta para uma nova era, pois a Terra passará de um rudimentar mundo de dor para um mundo de iluminação.

Há aí uma diferença: de Capela, vieram para cá os seres mais rebeldes, que teimavam em persistir no mal, atrasando a evolução daquele mundo. Com seu intelecto mais desenvolvido, impulsionaram o nosso progresso tecnológico, embora a moral permanecesse ainda bastante atrasada.

Esses espíritos que agora chegam têm uma missão muito diferente dos capelinos. Todos eles têm altos níveis intelectuais e psíquicos, mas não necessariamente serão moralmente mais elevados. São seres que já vêm prontos para auxiliar o nosso progresso, mas o direcionamento de sua moral vai depender muito de nós. Embora sensíveis e de fácil assimilação dos ensinamentos, são almas que precisam ser modeladas.

Não são melhores nem piores do que as crianças comuns. São apenas diferentes, têm um potencial psíquico e energético maior. Há crianças que não são índigos que têm um amadurecimento espiritual muito grande, porque já viveram muitas vidas neste planeta, aprenderam muito e adquiriram uma grande bagagem espiritual e moral, estando até em condições de ajudar na adaptação e orientação dos índigos.

Então, ser índigo não significa ser melhor. Os índigos também têm muito o que aprender, e seu aprendizado dependerá de nós.

Essas crianças possuem características peculiares. Desde cedo demonstram-se conscientes de que pertencem a uma geração especial, têm alto nível de inteligência e chegaram para provocar mudanças e revisão de crenças e valores.

Os índigos costumam ser gentis e possuem um novo estado de consciência, um sistema imunológico fortalecido, telepatia, capacidade para prever o futuro, reconhecer seres etéreos, são intuitivos e possuem dom de cura. Resumindo, são grandes médiuns.

Nascem em qualquer classe social e econômica. Geralmente comem pouco e são mais delgados, possuem olhos grandes e expressivos, com o lóbulo frontal ligeiramente pronunciado e podem ser canhotos ou ambidestros. Têm o dom de ver a aura das plantas e dos animais, além de seres de outras dimensões, como fadas e gnomos. Têm uma hipersensibilidade olfativa e tátil, chegando a se incomodar até com a etiqueta das roupas, pois preferem tecidos de algodão puro, mais macios.

A criança índigo tem absoluta consciência daquilo que está fazendo, é rebelde por temperamento e não responde à autoridade. Não adianta ficar dando ordens a um índigo, porque ele será sempre teimoso. Também não teme ameaças nem cede a chantagens. É preciso ter paciência e explicar o porquê. Só quando ele compreende a ordem, e ela faz sentido para ele, é que ele obedece. Se não, pode obedecer, mas por obediência a uma imposição paterna, o que faz com rebeldia.

Aprende de forma diferente, mais pela prática do que pelo estudo. E, depois que aprende, desinteressa-se pela coisa e larga para lá.

É aquela criança que ganha um brinquedo e logo larga, não por ser mimada, mas porque, ao conhecer todo o seu funcionamento, não se interessa mais por ele e quer outro, para aprender outras coisas.

Ou é destrutiva, não por perversidade, mas por curiosidade. Como vem de uma dimensão onde os objetos não são familiares, quando vê algum objeto diferente, quebra-o para poder olhar sua estrutura.

Daí estar sempre querendo ganhar coisas novas.

Está sempre perguntando por que em cima de por que. Quanto mais a gente responde, mais ela quer saber, até esgotar o assunto e ficar satisfeita. E vai além do que vê e ouve, demonstrando curiosidade pelo que está por trás das histórias, pelo que não estamos vendo nos filmes.

Pode ter amigos imaginários e presta atenção a várias atividades ao mesmo tempo. Gosta de video games violentos, pois essa é uma forma de gastar a energia que tem sobrando, mas se sua energia não for bem direcionada, pode ser violento.

Fala pelos olhos, desde bebê. Não fica em fila e vive atropelando as pessoas. Não é capaz de permanecer sentada durante um determinado período. No cinema, então, é uma tortura, porque está sempre chutando a cadeira da frente.

Muitas vezes, por não compreendermos a criança, acabamos não dando crédito a seus dons, o que pode levar o índigo à introspecção, à rebeldia, ao uso de drogas e ao crime.

Quando uma criança falar ou fizer algo que parece absurdo, devemos conversar com ela, mas nunca rir, debochar ou brigar. Coisas do tipo: pare de inventar, pare de mentir, não tem nada aí, isso tudo é imaginação, que coisa feia só vão fazer com que a criança se torne agressiva ou se encolha. Qualquer uma das duas opções não é boa e vai tirar a espontaneidade da criança.

A compreensão é o melhor caminho, até porque, a criança pode estar se referindo a algo aparentemente absurdo para nós, mas que está realmente vendo ou ouvindo ou que está registrado na memória dela como algo vivido em outra dimensão ou outro planeta.

E temos que nos conscientizar: não é porque somos adultos que detemos o privilégio da verdade.

A imensa maioria dos índigos é hiperativa ou tem o que se chama TDAH – Transtorno do Déficit de Atenção com Hiperatividade. São crianças agitadas e com dificuldade de concentração. Como possuem uma visão diferenciada das coisas, não se dão bem em escolas tradicionais, tornando-se quase insuportáveis.

O melhor tratamento que podemos dar a um índigo ou mesmo ao hiperativo é o amor. Temos que nos conscientizar de que a criança não é um adulto em miniatura, muito embora, às vezes, se comporte como tal.

É um ser em formação, que necessita de atenção e carinho. Não precisamos mimá-la, mas também não devemos exigir muito dela.

É preciso observar a conduta das crianças, evitando punições e, ao mesmo tempo, colocando limites através do diálogo e da compreensão. A agressividade os torna rebeldes, o que pode levar alguns ao crime.

São crianças difíceis no tratamento diário, mas afetuosas. Para conquistá-las, basta tratá-las com amor. Devemos educá-las apelando para a lógica e o bom senso. Devem ser orientadas e esclarecidas tantas vezes quantas forem necessárias. Devemos colocá-las no colo, fazer-lhes carinho, ensiná-las a orar e a conhecer as coisas divinas. Temos que lhes dar valores, porque elas são diferentes, mas precisam ser ensinadas.

São como diamantes brutos: com toda a beleza e brilho, só precisando ser lapidadas.

Essa é a melhor forma de tratarmos as crianças, sejam índigos ou não.

20

Os animais merecem nosso respeito

Na escalada da evolução humana, já passamos por todos os reinos. E os animais, assim como nós, seguem seu processo de evolução. São vidas que devem ser respeitadas, protegidas e amadas.

Todos os animais merecem o nosso respeito, assim como as plantas e os minerais. Tudo o que é vivo pertence à natureza e é digno de consideração, e nós temos que nos acostumar a ver as criaturas do mundo como seres iguais a nós, em busca de evolução.

Certas doutrinas espiritualistas afirmam que passamos por uma escala de evolução que se inicia lá no mundo mineral, passa pelo vegetal e o animal, até alcançar o hominal.

Ora, se já passamos pelo estágio de pedra, por que temos que tratar os minerais apenas como fonte de riquezas, destruindo e esgotando, descontroladamente, as jazidas naturais?

Se já vivemos como plantas, por que arrancá-las sem qualquer necessidade, simplesmente pelo prazer de destruir ou nos divertir?

Elas servem ao nosso alimento, nos dão sombra e beleza, então, tenhamos mais respeito e procuremos tratá-las com carinho, sem arrancar o que não é necessário.

E se um dia já fomos cães ou gatos, por que é que os maltratamos tanto? Por que não conseguimos ver nos animais nossos irmãos em crescimento, tão dignos de amor e respeito quanto cada um de nós? Deus não estabelece privilégios entre suas criaturas, então, o que nos dá o direito de sermos tão arrogantes e acharmos que somos os melhores, os mais perfeitos e os preferidos dentre toda a obra do Criador?

Deus ama a todos com igualdade: humanos e animais, vegetais ou minerais, estamos todos no mesmo patamar do amor de Deus. Somos nós que estabelecemos distinções em hierarquias e valores, não Ele.

É por isso que temos que estar atentos, sobretudo aos animais. Eles não são simplesmente coisas. Podem sê-lo para o Direito, que não tem compromisso com as verdades divinas. Os animais não têm senso moral, mas nós temos.

Por isso, quando um animal machuca alguém, ele não sabe o que está fazendo. Temos o direito de nos defender e nos proteger, fazendo uso dos meios necessários.

Não nos cabe, todavia, o direito de atacá-los sem motivo. Se temos senso moral, sabemos discernir entre o que é certo e errado. Logo, estamos em condições de compreender que o mal que deliberadamente fazemos a um animal não está de acordo com a noção, inerente a todo ser humano, do que devemos ou não fazer.

Temos uma inteligência mais elaborada, cabe a nós a direção do mundo, vivemos em posição de superioridade no que concerne a outros seres do planeta.

Por esse motivo, a responsabilidade é nossa. Somos nós, seres humanos, os maiores responsáveis pela evolução dos animais, sobretudo aqueles postos sob a nossa guarda.

Se os tratamos bem, contribuímos para que cheguem mais rápido à individualização e, conforme algumas doutrinas, ao estágio de humanos. Se, ao contrário, os maltratamos, atrasamos sua ascensão rumo ao reino hominal.

Hoje em dia, lamentavelmente, há muitas pessoas que ainda não aprenderam a necessidade de respeito aos animais.

Tudo bem, é preciso compreendê-las também, mas nada melhor do que o exemplo.

Aqueles que mais sabem são chamados a contribuir com o esclarecimento do mundo através de suas atitudes.

Assim, se nós que sabemos que não devemos maltratar os animais começarmos a tratá-los com carinho, outros também o farão, seguindo o nosso exemplo.

Já não é mais tempo de crueldade; é tempo de mansuetude e docilidade. Não precisamos compactuar com atitudes agressivas, como a exposição desnecessária de animais sofrendo torturas, passando fome, definhando ante olhares impassíveis. Não temos que deixá-los presos, amarrados, esquecidos. Muito menos abandonados.

Abandonar um animal é uma atitude deveras cruel, um atentado contra a própria natureza. O animal fica assustado, desesperado mesmo, traído por aquele que, no mundo, era quem mais deveria lhe transmitir confiança.

Tudo isso gera desequilíbrio na natureza que, no futuro, deverá ser restaurado. Nenhum gesto humano passa despercebido pelas leis que governam o universo, do qual todos nós somos uma parte muito ínfima.

Assim, maltratar um animal atrai consequências dolorosas para aquele que o maltratou. Ao contrário, tratá-lo bem ilumina a nossa alma, nos enche de alegria e nos torna seres muito mais abençoados.

21
Para sermos mansos e pacíficos

Toda ação gera uma reação. Ações de violência, geralmente, provocam reações igualmente violentas. A não ser que nós comecemos a agir e reagir de forma diferente.

Estamos vivendo num mundo realmente confuso, numa época de transição que está trazendo muitas dores ao nosso planeta e, consequentemente, a nós também.

As agressões na vida são muitas e as mais variadas: somos agredidos no trabalho, pelo chefe que nos humilha; somos agredidos numa loja ou repartição, porque o atendente ganha mal e não tem paciência nem educação; somos agredidos no trânsito, quando levamos uma fechada ou outro motorista nos xinga; somos, muitas vezes, agredidos do nada, quando alguém nos dá um fora aparentemente inexplicável.

O que fazer? A física nos diz: toda ação provoca uma reação de igual intensidade e em sentido contrário. Essa lei, de ação e reação, pode e deve ser aplicada a todas as nossas relações da vida.

Quando recebemos uma ação que nos agride, temos a tendência de reagir da mesma forma, e o resultado será a devolução da violência, que vai rebater no agressor, e voltar, e ser devolvida, e tornar a rebater, e isso não termina.

Por conta dessa lei, ocorrem verdadeiros desastres, a começar pelos nossos lares. Vivemos em constante reclamação, gritando uns com os outros, nos ofendendo, reagindo tal qual sofremos a ação.

A ação é o que provoca o resultado, e a reação é o resultado devolvido ao agente. Então, para quebrarmos o padrão da reação, precisamos simplesmente não reagir.

A violência não está somente nos gestos truculentos dos brutos que fazem as guerras, cometem assassinatos ou explodem como homens-bomba. Ela também está dentro de nós, e essa, na maioria das vezes, é a mais difícil de ser percebida.

Não conseguimos visualizar a violência quando reagimos à ação do outro. Ao contrário, achamos que é nosso direito reagir às ofensas. Quando alguém nos agride, nosso orgulho nos estimula a revidar, porque não queremos ser chamados de bobos nem admitimos que alguém fique por cima de nós, na nossa visão distorcida.

Responder na mesma moeda só aumenta a violência, seja verbal, seja física. Temos sempre que responder com o sentimento oposto. Se alguém nos diz palavras de ódio, temos que aprender a enviar o inverso, que é o amor.

Lembremos de Jesus. Ele jamais reagiu. Quando alguém o ofendia, ele respondia com palavras de sabedoria e demonstrava, com as suas atitudes, sua natureza pacífica e infinitamente superior à dos homens.

O que nós fazemos, quase sempre, é nos igualarmos ao agressor em todos os sentidos. Respondemos à altura e, o que é pior, nos sentimos orgulhosos disso, porque assim ninguém vai nos chamar de idiotas.

Mas será que devemos nos orgulhar de atitudes que envenenam o nosso espírito? Logo nos sentimos mordidos e damos o troco. Agimos todos na mesma sintonia, embarcamos na mesma onda de intolerância e, com isso, vamos alimentando a violência.

É difícil nos policiarmos e dominarmos a nossa própria agressividade, contudo, se fosse fácil, não seríamos seres humanos.

Reencarnamos para aprender e evoluir, dominando nossos instintos mais primitivos, dentre os quais se encontra a violência. Não temos que nos igualar ao agressor.

Quem executa uma sentença de morte possui o mesmo instinto que o condenado. Quem não tem o instinto de matar não aceita esse emprego.

A violência é um grande mal no nosso planeta e precisa ser combatido. Mas não se combate a violência com mais violência. Sem falar que atraímos espíritos que vibram nessa sintonia de ódio e agressividade, e que vão estimulando em nós comportamentos violentos, para provocar mais reação e, com isso, se alimentarem de tanto ódio.

O mundo precisa é de amor, que trará a paz a todos os povos. É engano nosso acharmos que não temos nada com isso, que o problema do vizinho não é nosso. Não é diretamente, mas indiretamente, sim.

Se começarmos a agir de forma amorosa, outros acabarão se contagiando, até que chegará o momento em que todo o planeta estará vibrando na mesma sintonia de amor.

Isso é sonho? Não, é responsabilidade nossa, faz parte do nosso dever de colaborar com o equilíbrio da nossa humanidade. Temos apenas que ter coragem e começar, fazer a nossa parte, independentemente do que estão fazendo os outros.

Só que nós, infelizmente, ainda temos uma natureza vingativa, mesmo que não nos apercebamos disso. Falamos mesmo: bandido tem que morrer, sem nem nos lembrarmos de que, muito provavelmente, já fomos como ele um dia, em alguma vida passada.

E é ilusão achar que matar um bandido acaba com o problema. Ele só muda de lugar: passa do mundo físico para o invisível e vai continuar agindo segundo a sua natureza, só que com muito mais liberdade para influenciar os encarnados que estão em sintonia com ele.

E quando é que isso vai terminar? Vai terminar quando nós percebermos que o combate à violência tem que começar por nós, através da modificação de nossos pensamentos, palavras e atitudes.

Isso não acontece da noite para o dia, então, temos que nos esforçar para conhecer bem as verdades divinas, lendo e nos instruindo, para que aprendamos a controlar a agressividade em nós, colocando-a sob o domínio da nossa razão.

É tudo uma questão de exercício. Vamos começar pelas coisas mais simples: se alguém nos xingar no trânsito, vamos pedir desculpas e dar um sorriso.

Nosso chefe brigou conosco? Vamos nos esforçar para fazer melhor e, se alguém nos der um fora, vamos abraçá-lo e mostrar que não guardamos mágoas nem rancor.

E se não conseguirmos nada disso? Bom, então só nos resta rezar para que Deus nos dê sabedoria para controlar nossos impulsos mais destrutivos.

Somente através do exercício constante é que aprenderemos a ser mansos e pacíficos. Mais ou menos como Gandhi, que soube lutar pelos direitos de seu povo sem o uso da violência, sem qualquer reação às agressões que sofria, apenas agindo com amorosidade e respeito.

E são de Gandhi as seguintes frases, que devem servir de reflexão para nossas vidas:

> "Aprendi, graças a uma amarga experiência, a única suprema lição: controlar a ira. E do mesmo modo que o calor conservado se transforma em energia, assim a nossa ira controlada pode transformar-se em uma função capaz de mover o mundo. Não é que eu não me ire ou perca o controle. O que eu não dou

é campo à ira. Cultivo a paciência e a mansidão e, de uma maneira geral, consigo. Mas quando a ira me assalta, limito-me a controlá-la. Como consigo? É um hábito que cada um deve adquirir e cultivar com uma prática assídua".

"A não violência não existe se apenas amamos aqueles que nos amam. Só há não violência quando amamos aqueles que nos odeiam. Sei como é difícil assumir essa grande lei do amor. Mas todas as coisas grandes e boas não são difíceis de realizar? O amor a quem nos odeia é o mais difícil de tudo. Mas, com a graça de Deus, até mesmo essa coisa tão difícil se torna fácil de realizar, se assim queremos".

"Ao rejeitar a espada, não tenho senão a lâmina do amor para oferecer àquele que investiu contra mim. É ao oferecer-lhe esta lâmina que espero sua aproximação. Não posso conceber um estado de hostilidade permanente entre um homem e outro. Pois, crendo na reencarnação, vivo na esperança que, se não nesta vida humana mas numa outra, poderei cingir toda a humanidade num fraternal abraço".

"Só podemos vencer o adversário com o amor, nunca com o ódio".

E, há muitos anos, disse Joanna de Ângelis:

"Quando alguém te atirar lama, não fiques teimosamente à frente, porque ela te baterá na face e te sujará por alguns minutos. Quando alguém o fizer, sai do caminho. A lama passa e quem a jogou ficará com as mãos sujas. Nunca revides, para que não fiques enlameado também".

Façamos deles o nosso exemplo.

22
Como é bom sorrir!

Para uma vida melhor, nada como sorrir. O sorriso é contagiante e capaz de transmitir o que sentimos. Com ele, podemos levar uma vida mais saudável e feliz.

Para o nosso dia ser mais feliz, temos que nos acostumar a sorrir, mesmo quando provocados pela agressividade do outro, que nada mais é do que um instrumento para despertar algo que precisamos ver e reconhecer em nós.

É claro que é difícil sorrir quando somos agredidos, mas se não respondermos à agressão, se conseguirmos manter a serenidade e a paciência, o sorriso vai voltar espontaneamente assim que o momento de tensão passar.

Temos que acabar com o mau humor. Ele é contagiante. Vindo diretamente do nosso corpo emocional, impressiona outros corpos emocionais que, no momento, estejam mais sensíveis e aptos a captar-lhe a impressão.

O sorriso, por outro lado, refletindo um estado de espírito alto astral, também provém do corpo emocional, que vibra na intensidade da alegria e, consequentemente, é capaz de contagiar também.

Ou seja, somos capazes de enviar àqueles que nos rodeiam os sentimentos que decorrem do nosso mau humor ou do nosso sorriso. E cada um vai receber essas impressões como pode, de acordo com o seu estado de espírito, direcionado pelo princípio das afinidades.

Cabe a nós, portanto, escolher com que energias vamos nos afinizar.

Sorrir sempre não significa ser dissimulado quando estamos com raiva ou com vontade de chorar. Temos, acima de tudo, que ser sinceros conosco.

O falso sorriso também não faz bem a ninguém. Precisamos aprender a vivenciar o sentimento e, quando necessário, tentar transformá-lo em algo mais positivo e saudável.

Assim, se estamos com raiva, por exemplo, o melhor é reconhecê-la, assumi-la e então transformá-la. Quando aprendemos a fazer isso com simplicidade e naturalidade, esvaziamos o corpo astral e abrimos espaço para sentimentos mais felizes e capazes de restabelecer em nós a capacidade de sorrir.

Transformar um sentimento que nos faz mal significa levá-lo ao outro extremo, ou seja, tentar fazer dele o sentimento inverso que vibra no lado oposto da mesma linha.

Para o ódio, amor; para tristeza, alegria; para irritação, tolerância; para inveja, admiração. E por aí vai. Nem sempre conseguimos fazer isso, contudo, o importante é tentar. Sem a tentativa, não corremos o risco de fracassar, mas também não há vitória.

E quem não quer se sentir vitorioso sobre suas próprias dificuldades? O que não podemos é deixar que as dificuldades nos vençam.

Assim, vamos compreendendo que o sorriso há de ser o nosso estado natural e permanente. Feições duras, tristes, iradas, impacientes, debochadas e outras tantas, que só a natureza humana conhece, hão de ser transitórias.

Por isso é tão importante cultivarmos o sorriso. Aos pouquinhos, vamos aprendendo a substituir nossas caretas pelo exercício constante de sorrir e, em pouco tempo, descobriremos que temos o poder de decidir se queremos ou não ser afetados pelas agressões externas.

Diante da vida, vamos exercitar mais o sorriso e contagiar aqueles que ainda não conseguiram aprender a liberar suas emoções de forma saudável, harmoniosa e feliz.

23

Preconceito já era

Nosso planeta é um lugar lindo, maravilhoso, a casa de todos nós. Chegará o dia em que viveremos num mundo sem fronteiras nem discriminação. As diferenças são saudáveis, nos ajudam a compreender melhor a vida em suas várias formas de manifestação.

Cada pessoa é única, mas todos temos a mesma essência. Ainda vivemos a segregação, julgando que estamos separados por fatores raciais, étnicos, culturais, econômicos e sociais.

Mas essa separação não existe nem deveria servir para justificar o preconceito. Diferença não é sinônimo de inferioridade.

Quando uma pessoa é diferente, ela só o é se comparada com a maioria. Não fazer parte da maioria não significa que sejamos criaturas menores. Trata-se apenas de uma escolha, um modo de vida, uma tendência. Nada disso pode ser visto como motivo para repúdio ou intolerância.

Temos que nos acostumar a ter respeito. Mais ainda, precisamos desenvolver compreensão.

Às vezes, respeitamos porque seguimos regras de comportamento e educação. Mas não entendemos, realmente. Intimamente, julgamos, criticamos, condenamos, quando não falamos mal. Tudo porque o orgulho nos faz acreditar que detemos o privilégio da verdade.

Quando realmente compreendemos, não julgamos nem criticamos. Silenciamos quando não encontramos palavras doces nem amigas para dizer; falamos somente o necessário para ajudar.

Preconceito é coisa ultrapassada, de mentes que não conseguem acompanhar a evolução dos tempos. Quando o tempo modifica conceitos, ele o faz atendendo à necessidade de afirmação de valores. Não são novos valores. Respeito não é um valor novo. Sempre existiu. Só que agora estamos sendo chamados a exercitá-lo de verdade, porque o homem já encontrou o caminho do discernimento.

Nada justifica o preconceito. Jesus nunca discriminou ninguém. Ao contrário, tratava cristãos, judeus e romanos com o mesmo amor. Não seria bom nos mirarmos no exemplo dele?

24
Sobre a mediunidade

Mediunidade é uma faculdade natural e inata de todo ser humano. Consiste na aptidão que todos nós temos de perceber o mundo invisível. Essa percepção pode ser manifestada de várias formas, em vários graus.

A mediunidade não é privilégio de poucos nem de religião alguma. Todas as pessoas, em maior ou menor escala, são médiuns.

O que acontece é que alguns, por uma escolha própria e muito peculiar de cada indivíduo, nascem com esse dom um pouco mais acentuado, de forma a poder cumprir na Terra os desígnios traçados quando ainda no mundo espiritual.

Trata-se de uma ferramenta de amor. Quem é médium tem um compromisso com o bem. É preciso educar a mediunidade, investir no autoconhecimento e lutar para vencer as más tendências. Não ganhamos esse dom para nos divertir. Ele nos foi dado para que aprendêssemos a nos doar. Doando de nós, recebemos o mesmo da vida.

Todo médium deve ter disciplina, que passa pelo bom senso e a maturidade espiritual. Toda forma de regulamentação da mediunidade e de seu exercício deve se pautar pelo discernimento.

Quem não sabe discernir entre o certo e o errado ainda não está pronto para exercer a mediunidade. Precisamos nos orientar pelo exemplo. Constantemente, nossas atitudes devem servir de exemplo, uns para os outros. Temos que falar e agir tal qual falamos, independentemente da imposição de normas de conduta.

Quando o espírito amadurece suas qualidades morais, não precisa que ninguém lhe diga o que pode ou não fazer. Ele, sozinho, sabe identificar o comportamento adequado e o irreverente.

O médium é um orientador. Para isso, precisamos ter o domínio da mediunidade.

Ela nos permite promover o nosso crescimento. Através do autoconhecimento e do auxílio ao próximo, vamos crescendo também.

Mas ela também representa um perigo para os menos vigilantes. A falta de preparo, sobretudo moral, leva muitos médiuns ao despenhadeiro da ilusão, seduzidos pela vaidade e o poder.

É preciso equilíbrio e um constante policiamento de atitudes, palavras e pensamentos. Ninguém é perfeito. Mas a busca da perfeição passa pelo reconhecimento das dificuldades e pelo esforço para contê-los.

Devemos saber dosar o valor de cada coisa, agir de forma a sermos um bom exemplo no mundo, ter amor e respeito. Médiuns ou não, essas são experiências que todo ser humano deve aprender com a vida e a observação do mundo.

Empregar a mediunidade no auxílio à transformação do planeta é tarefa confiada a todos nós, indistintamente. Ninguém é melhor do que ninguém, nem mais sábio, nem mais inteligente, nem mais evoluído.

Quem está seguro de seu papel no mundo, não deixa passar a oportunidade de aprender e servir.

25
Viver com prazer

Vivemos uma época de insatisfação geral. Pressionados pela necessidade de ter, vamos abrindo mão de nossas habilidades inatas em função de um contínuo enriquecimento.

Os valores materiais ainda dominam o mundo, transformando o trabalho em uma máquina de produzir riquezas. O prazer ficou para trás. A alegria de viver cedeu lugar ao sucesso profissional.

É claro que o sucesso profissional traz realização e felicidade. Quando conquistado pela força de um ideal interior. Não adianta a gente lutar para seguir um caminho de prosperidade se tiver que abrir mão dos valores da alma. Precisamos aprender a realizar a nossa vontade, não o que julgamos mais conveniente.

Resgatar a simplicidade da vida não é fácil. Cada vez mais nos embrenhamos num mundo de satisfação das exigências sociais, em detrimento daquilo com que realmente sonhamos.

E vamos nos distanciando da nossa essência, até que começamos a perder de vista nosso verdadeiro Eu. Passamos então a agir muito mais pelo que devemos ser do que pelo que somos de verdade.

Para modificar essa ilusão e encontrar a verdadeira felicidade, temos que nos desapegar de muitas coisas. A felicidade está na realização daquilo que nos dá prazer.

Entenda-se por prazer uma satisfação genuína, fruto da satisfação de metas saudáveis, dignas e edificantes. O prazer gerado pelos desequilíbrios, os excessos e os desejos desenfreados nada mais é do que tortuosa ilusão. Perde-se o que é transitório, fica a sensação do vazio.

Quando fazemos o que nascemos para fazer, o prazer é certo e a abundância é consequência. Alegria de viver é fonte de sucesso.

E sucesso é uma realização da alma, algo tão poderoso que atrai, naturalmente, as coisas boas da vida.

Cada um de nós foi dotado de um talento. Ao nascer, atraímos do universo dons que estão alinhados com a natureza da nossa alma. E se hoje nos distanciamos dessa essência mais pura, é porque priorizamos a necessidade de domínio das coisas da matéria.

Não devemos nos sentir culpados nem nos desfazer do que legitimamente conquistamos. O que precisamos é tentar conciliar o desprazer do cotidiano com momentos daquela genuína alegria. Procurar realizar sonhos antigos, que julgamos esquecidos ou superados. Nada que reverte em favor da nossa alegria estará ultrapassado.

Chegou a hora de ingressar naquela aula de dança, de pintura, de inglês. De rabiscar uns poemas, cuidar de animais, fazer docinhos, crochê, bordados. Criar um blog, escrever o que vier à cabeça, jogar jogos de computador. Cuidar do jardim, cultivar flores, fazer artesanato, costurar, aprender a cozinhar. Voltar a estudar, tirar fotografias, tocar piano, violão ou bateria. Qualquer coisa que se tenha vontade e que não transgrida as normas de limite e respeito. Tudo isso só pelo prazer da realização.

Esses são artifícios para tentarmos resgatar o prazer perdido ou substituído pelas exigências do mundo moderno. Atender aos nossos sonhos não é irrelevante.

Nós não somos supérfluos. Somos importantes, temos o direito de ser felizes. E para isso, precisamos acreditar que merecemos toda felicidade que a vida pode nos proporcionar.

Façamos hoje algo que nos dê prazer. Amanhã colheremos as alegrias.

26

Ilusões do mundo

As ilusões enxameiam por toda parte. De tão acostumados a elas, pensamos que são as coisas que realmente possuem valor na vida. Todos nós somos enredados por suas teias, porque tudo o que fazemos tem por objetivo a satisfação dos nossos desejos.

Estamos acostumados a tachar as coisas de realidade ou ilusão, conforme se encaixem ou não nas limitadas possibilidades desse mundo material em que vivemos.

E essa pode ser a nossa primeira ilusão. Nós e as coisas que aqui estão são a única realidade do momento, visíveis e palpáveis, perceptíveis aos nossos sentidos.

Mas nem só de matéria física o homem e o mundo são feitos. Para além dessa nossa estreitíssima realidade de três dimensões, muitas outras existem, às quais, por enquanto, ainda não temos condições de compreender nem experienciar.

Com o intuito de ganhar experiências e evoluir, nossa alma mergulha no físico, onde recebe cinco sentidos, por intermédio dos quais, fará contato com o mundo. Através deles, experimentamos todas as coisas que a matéria pode oferecer.

Como esse mundo é voltado para a satisfação dos desejos materiais, nossa alma, esquecendo-se de sua origem divina, deixa-se seduzir pelos prazeres e despenca no abismo das ilusões.

Descendo ao mundo físico, nosso espírito perde a alegria genuína que tinha quando ainda ligado à divindade. Como não temos mais a alegria interior, passamos a buscá-la no mundo externo.

Daí porque nos apegamos a tudo que parece nos trazer felicidade ou prazer, assim como repelimos o que nos causa dor.

A sedução dos sentidos opera em todos nós, independentemente de condição social, econômica ou cultural. Quanto mais inteligentes, cultos e sábios pensamos que somos, mais fácil nos enredamos nas teias dessa ilusão.

A erudição, muitas vezes, traz a arrogância e o orgulho, dificultando a compreensão das verdades divinas, que são muito simples. Tudo o que se faz com amor recebe o reconhecimento da natureza, e para amar, ninguém precisa ser sábio.

Isso não quer dizer que não devemos ter desejos ou que devemos lutar contra eles. O que precisamos é de discernimento. Não podemos nos tornar escravos dos nossos desejos. Temos que dominá-los, em vez de permitir que eles nos dominem.

Quando isso acontece, abraçamos o materialismo e nos afastamos dos verdadeiros valores do espírito, descendo cada vez mais fundo no oceano inebriante das ilusões.

O que desejos não podem é se transformar em vícios. A vigilância sobre os nossos sentidos deve ser constante. Precisamos de discernimento para reconhecer quando os desejos estão ultrapassando os limites da razoabilidade para podermos freá-los.

O exagero não faz bem a ninguém. Quando percebermos que estamos exagerando, temos que ter força de vontade para renunciar. Renúncia não é pouco caso nem negligência. É desapego.

Tudo o que conquistamos honestamente é nosso por direito e nos é lícito aproveitar.

Mas precisamos ter consciência de que não somos donos, realmente, de nada. Somos meros usufrutuários dos bens terrenos.

Nada nos pertence de verdade. Usamos tudo por empréstimo da vida. Quando morremos, devolvemos a ela os bens conquistados para serem transferidos a outros, sem que nada possamos fazer quanto a isso.

Temos que aprender a separar o que é real do que é ilusão. Esse reconhecimento decorre do tempo de permanência das coisas em nossas vidas.

Tudo o que é passageiro é ilusão. Apenas o que dura para sempre é real. Transitórias são as posses materiais. Ao desencarnar, elas ficam por aqui. E se depositarmos nisso a nossa felicidade, a consequência é que ela ficará aqui também.

Eternas são as conquistas do espírito: amor, amizade, respeito... Todos os sentimentos nobres são para sempre. São eles que partem conosco quando vamos embora. São tesouros inestimáveis, inesgotáveis e perenes. É o nosso mundo interior, nossa essência real. Uma vez adquiridos, esses valores serão nossos por todas as vidas.

Mas os desejos não são um mal em si. Eles são necessários à continuação da vida. Quem não tem desejos não sonha.

Consequentemente, não luta e não progride. Nada na natureza é estático, logo, precisamos de algo que nos estimule ao movimento e ao crescimento.

O que nos faz deturpar os desejos e cair nas teias da ilusão é a nossa ignorância espiritual. Para aprendermos o lugar e o valor certo de cada coisa, temos que investir no nosso aperfeiçoamento moral.

Autoconhecimento e autodisciplina levam à libertação da alma. Libertando-nos, podemos desfrutar dos prazeres da matéria sem nos misturarmos ou nos deixarmos dominar por eles.

E a liberdade é a maior conquista que o ser humano pode empreender.

27

Resistir para quê?

Resistência gera sofrimento. Nada na vida é imutável, não podemos pretender que as coisas continuem as mesmas para sempre. Se a vida se modifica, temos que nos modificar junto com ela.

Quem resiste às mudanças não escapa de sofrer. Quando a vida nos leva numa direção, é porque aquela é a melhor para nós, ainda que não a queiramos ou não a compreendamos.

Não podemos nos fixar em lugar nenhum, porque nenhum lugar é nosso de verdade. Nós ocupamos lugares temporariamente, enquanto precisamos ali permanecer para aprender ou evoluir.

Mas nada, absolutamente nada que se passa nesta vida é para sempre. As coisas mudam porque nós precisamos mudar.

Às vezes necessitamos de uma provocação para reconhecer essa mudança. E quando não nos sentimos preparados ou temos medo, nossa tendência é resistir.

Às vezes dá medo investir no novo. Os hábitos nos trazem segurança, porque com eles caminhamos por terrenos conhecidos.

No entanto, essa acomodação não nos faz crescer. Quando apenas repetimos o que já sabemos, não nos damos a oportunidade de vivenciar experiências capazes de nos trazer maturidade e sabedoria.

Não podemos nos fazer surdos ao chamado da vida. Quando as mudanças se apresentam, não temos que temê-las. Devemos ter cautela, sim, mas não medo. Muito menos resistência. O fato de resistirmos não vai impedir que as coisas aconteçam.

E quando elas acontecem, ou nós ficamos para trás, ou teremos que correr para alcançá-las depois. Porque o mundo não vai parar só porque não queremos aceitar que as coisas são como devem ser.

Isso não significa conformismo. Absolutamente! O conformista não questiona, aceita tudo por imposição ou covardia. Não é disso que se trata.

Trata-se aqui de um reconhecimento das coisas que estão além do nosso poder de disposição. Nem tudo está sob o nosso controle, não temos domínio de todas as situações da vida.

Exemplificando: Se a empresa em que trabalhamos vai à falência, ficamos desempregados, sem que nada possamos fazer. Contra esse fato, não adianta lutar. Não dá para espernear, chorar, lamentar porque perdemos o emprego. Temos que aceitar, mas não precisamos nos conformar.

O conformismo leva ao desânimo. A aceitação leva à reflexão e à busca de soluções. No primeiro caso, a bebida pode anestesiar a dor. No segundo, o esforço e a garra acabarão levando a um emprego melhor. Cabe a cada um escolher como vai encarar as mudanças operadas em sua vida.

Quando coisas ruins acontecem, são por um motivo que nos favorece, mesmo que nós não consigamos compreendê-lo nem enxergá-lo.

Deus é bom, sábio e justo. Não transformaria a nossa vida num inferno só para nos ver sofrer. Aprendamos a confiar mais em Deus e a reconhecer Sua atuação em todos os momentos da nossa existência.

Deus nunca erra. Então, por que pensar que é um erro o que Ele faz por nós?

28
A verdadeira doença da alma

A homossexualidade não é uma enfermidade espiritual. Doenças da alma são as más tendências do homem, seus maus pensamentos, sentimentos e atos.

Falar mal da vida alheia é uma doença. Julgar e criticar é outra. Matar, roubar, mentir, trapacear, estuprar, esses são males que ninguém questiona.

O sexo pode se transformar numa doença quando gera desequilíbrio. Desrespeito, excessos e promiscuidade são fatores de desequilíbrio, independentemente do tipo de relação, se homo ou heterossexual.

A homossexualidade não é um desvio, patologia, desequilíbrio ou qualquer outra anomalia. Trata-se apenas de mais um caminho de crescimento.

Não é propriamente uma opção da carne. Muito antes de reencarnar, o indivíduo já traz essa tendência ou mesmo escolha. As razões são muitas e as mais variadas, e a ninguém cabe perquiri-las ou julgá-las. Cada qual com suas vivências vai desencadeando o crescimento da alma.

O que conta na hora da avaliação das obras da vida são as ações boas ou equivocadas que adotamos. O que pesa na balança da nossa consciência é o coração, não o sexo. Importante é ser uma boa pessoa, honesta, sincera, digna. Todo o mais decorre das experiências necessárias ao aprendizado incessante do espírito.

Todos os seres humanos são iguais em essência, não há nada que nos distinga de nossos semelhantes. O que faz diferença na outra vida é a quantidade de culpa que jogamos em nossos ombros, não importa se dela estejamos conscientes ou não.

À medida que vamos compreendendo por que agimos de forma contrária às leis da natureza, vamos aprimorando nosso ser e, consequentemente, deixamos de nos maltratar.

Disso tudo resulta que a homossexualidade não é um fator de punição nem traz consequências dolorosas para ninguém. A punição, quem impõe é o próprio indivíduo, que não se aceita nem tem coragem de assumir o que realmente é. E as consequências não diferem em nada daquelas geradas por qualquer criatura que esteja agindo com desamor.

Tudo o que vem das mais variadas Escrituras foi escrito e interpretado pelo homem. A palavra de Deus é uma só: amor. Quem aprendeu a amar já sabe, em seu íntimo, qual a vontade de Deus. Para amar, ninguém precisa ser bonito, rico, inteligente ou heterossexual. Basta ter um coração puro e simples. Este é o verdadeiro valor da vida.

Compreender e aceitar a homossexualidade é uma questão de respeito. Respeitar é não julgar, não olhar o outro como se ele fosse um pecador digno de piedade. Às vezes, só de dizer que não devemos julgar, já estamos julgando.

Quando falamos: "não julguemos o transgressor", já estamos definindo que ele transgrediu alguma norma.

E quem somos nós para estabelecer essas normas e fazer tal avaliação?

Jesus nunca julgou ninguém, na acepção mais pura do que seja julgar. Ele simplesmente amava e compreendia.

Não devemos criar rótulos nem disfarçar o preconceito sob a falsa aparência da compaixão. Dizer que não tem preconceito, mas não aceita é, no mínimo, uma ilusão, ainda que para si mesmo.

A ausência de preconceito é genuína quando aceitamos o outro sem questionar ou nos importar com suas condições de vida, sejam elas étnicas, sociais, financeiras, culturais ou sexuais.

Tampouco devemos tentar modificar a essência do próximo nem incutir-lhe medos ou culpas desnecessárias.

Ajudamos um homossexual simplesmente mostrando-lhe que se aceitar é o caminho para uma vida feliz e que Deus não irá puni-lo nem o amará menos por isso.

Aliás, melhor mesmo seria pararmos de definir as pessoas, qualificá-las ou chamá-las de qualquer coisa. As pessoas simplesmente são pessoas.

Quem quiser se aproximar de Deus, basta amar a si mesmo e ao outro.

29

Momento de transformação

A reforma do mundo é pessoal e íntima, não um cataclismo que irá pulverizar o planeta. A pulverização é interna, dos nossos vícios, de nossas tendências mais daninhas. Isso é feito no silêncio de cada alma, na intimidade do ser. A modificação do mundo só depende de nós.

Espíritos dos mais variados graus de evolução estão reencarnando na Terra. Todos os que pediram receberam a última oportunidade para tentar evoluir.

É por isso que o mundo parece estar naufragando nas guerras, na corrupção, no desrespeito. O orgulho, a mentira, a ganância e o egoísmo se espalham por todos os cantos.

Mas nada de desespero. O momento é de seleção. Tudo isso acontece para que aqueles que nos governam possam separar o joio do trigo. Nessa seleção natural não há escolhidos.

Cada um é responsável pelo seu próprio destino, mas os que conquistarão o direito de aqui permanecer serão apenas aqueles que conseguirem despertar para as verdades do espírito.

E não adianta tentar ludibriar a vida. Ela é sábia, não se deixa enganar. O melhor que cada um de nós tem a fazer é refletir sobre os acontecimentos e sobre nós mesmos, tentando identificar nossas dificuldades para levá-las pelo caminho da transformação.

É assim que o mundo irá se transformar: quando nós transformarmos a nós mesmos.

Para aqueles mais empedernidos, apegados às ilusões do mundo, resta apenas a conformação com o futuro, com um renascimento primitivo, penoso em mundos inferiores, para que, por meio do trabalho árduo, consigam valorizar o que deixaram para trás. Ainda há tempo de evitar essa sorte.

Temos que tentar deixar de mentir, de enganar, de trapacear, de procurar levar vantagem em tudo, de dar tanto valor ao dinheiro, em detrimento da dignidade e da justiça.

Cada um de nós tem em seu interior sementes que podem e devem ser germinadas. Sentimentos nobres são naturais. Deixar brotar o amor, a amizade, o respeito são caminhos certos para a nossa libertação.

Temos que nos preocupar conosco. Nada de ficar ligados no outro, procurando justificar nossas falhas com a atitude dele.

Cada um é senhor da sua vontade e, consequentemente, dos fatos daí resultantes.

Muitos não creem em nada disso. É melhor fingir que não vê do que ter que assumir o que viu. Quando a gente sabe de alguma coisa, tem que tentar se modificar. Ninguém pode alegar ignorância quando tem conhecimento, logo, não pode dizer que errou porque não sabia.

Aos que acreditam, fica a certeza de que nada está perdido e que o principal em tudo isso é nos concentrarmos em nós mesmos.

No somatório das individualidades modificadas é que reside o cerne da transformação do mundo.

Basta escolhermos de que lado queremos estar.

30

Não abandone os animais

Aconteceu numa das minhas viagens. Estava eu em Roma, há alguns anos, quando me deparei com um cão perdido. Era um cachorro de raça, grande, muito esperto e ativo. Levou algum tempo até eu compreender que era um "daqueles".

Era minha primeira viagem ao exterior. Percorrendo as estradas da Itália, observei várias placas com os dizeres: "não abandone os animais".

Estava escrito em italiano, e apesar de eu não saber falar essa língua, deu para compreender perfeitamente. Ainda mais porque a frase estava ilustrada com a figura de um cachorrinho em lágrimas, carregando nas costas uma trouxinha amarrada num cabo de vassoura.

Eu já havia ouvido falar desse problema, já tinha lido a respeito no jornal. Pessoas que compravam animais e, quando queriam sair de férias, simplesmente os abandonavam, para, no ano seguinte, comprar outro e fazer a mesma coisa, e assim, sucessivamente.

Sabia que, na Europa, esse procedimento era comum. O que não esperava era me deparar com um desses animais bem no meio da minha viagem.

Vinha eu caminhando pela rua com uma amiga quando o cachorro apareceu. Pelo porte, dava para perceber que não era de rua. O bicho veio correndo, abanando o rabo, farejando todo mundo que passava.

Olhei curiosa. Ele estava feito doido, andando a esmo, tentando seguir os transeuntes. De vez em quando, chegava perto do meio-fio e espiava para a rua, olhar comprido, como que à procura de alguém.

E quando um carro parava, ele se aproximava correndo, tentando entrar pela porta aberta. Foi uma agonia.

Acho que ele percebeu o quanto eu estava sensibilizada, porque se aproximou de mim, cheirando a minha mão. Por uns momentos, acariciei sua cabeça, e lá veio ele me seguindo.

Queria muito trazê-lo para casa, tamanha a compaixão que senti. Mas não podia. Afinal, eu moro no Rio e estava em Roma, ainda por cima, de passagem.

Foi difícil para mim fingir que ignorava aquele cachorro. Mais do que isso, fingir que não percebia sua dor, sua frustração, seu medo. Acho que ele não entendia o que estava se passando, pensava que seus donos, a qualquer momento, apareceriam para levá-lo.

Mas não foi o que aconteceu nem aconteceria. Ele era um cachorro abandonado.

Eu não tinha opção. Apressei o passo, evitando olhar para trás, para que ele parasse de me seguir. Foi o que ele fez, talvez decepcionado com a minha atitude. Ele não fazia ideia do quanto eu sofri com aquele gesto contrariado.

Naquele momento, senti a dor dele e não pude fazer nada. Apenas coloquei os óculos escuros e chorei.

Isso aconteceu de verdade comigo, assim como deve ter acontecido com mais alguém. Embora seja mais comum na Europa, existem pessoas aqui no Brasil que também fazem isso, por vários motivos, seja porque o animal ficou doente, seja porque elas estão cheias de cuidar de um bichinho.

Por isso, antes de adotar ou comprar um animal, pense bem se é o que você realmente quer. Ter um bichinho de estimação é coisa séria.

Quando tomamos um animal aos nossos cuidados, nos tornamos responsáveis por ele. De nós depende o seu desenvolvimento físico e espiritual.

A carga de experiências que ele vai levar dessa vida depende de nós, do que lhe daremos, de tudo o que lhe ensinaremos. Não colabore para alimentar o segmento de experiências ruins. Seja mais um a fornecer-lhe coisas boas que contribuam para o crescimento da alma-grupo a que pertencem, ou a favorecer seu retorno ao mundo no reino hominal, conforme afirmam algumas doutrinas.

Maltratar um animal é causar um enorme desequilíbrio na natureza, pois a vida não compactua com atitudes daninhas.

Não atraia para si sofrimentos desnecessários, pois a consciência do homem não o isenta de nenhum mal que pratica no mundo.

31
Sobre a psicografia

Muitas são as dúvidas sobre a psicografia. Quase todo mundo acha que, para psicografar, basta o médium se concentrar, fechar os olhos e permitir que o espírito movimente a sua mão, independentemente da sua vontade.

Bom, isso é fato, é possível, é uma forma de psicografia chamada mecânica. Mas não é a única. Existem outras, que Kardec descreveu em *O Livro dos Médiuns,* no capítulo 15.

Atualmente, os médiuns necessitam colaborar com os espíritos. O médium não é um simples mecanismo de atuação do espírito, uma ferramenta passiva na transmissão de suas mensagens.

Muito mais do que isso, o médium é um coadjuvante, responsável por facilitar o intercâmbio, auxiliando seu mentor com conhecimentos próprios, de forma que a comunicação seja a mais clara possível.

Hoje em dia, provas não são mais necessárias. A obra de Kardec foi precedida de experimentos criteriosos, numa época em que era preciso enfrentar a descrença.

Atualmente, as doutrinas espiritualistas estão disseminadas pelo mundo, de forma que ninguém mais tem que ser convencido de nada. Nem mesmo os incrédulos, pois estes, no momento oportuno, terão as provas de que necessitam na intimidade de suas consciências.

Como muitos, eu também partilho com meu mentor as experiências das histórias que ele me traz. Quando recebo uma ideia, ela não vem pronta. Pelo pensamento, as imagens se formam, porque o pensamento prescinde de palavras. Recebida a ideia, ela é exteriorizada em forma de romance, sempre atendendo à orientação espiritual.

À medida que a história vai se desenvolvendo, Leonel vai fiscalizando meus passos, para que eu não me distancie da realidade dos fatos nem invente o que não é necessário.

Mas não é só isso. Principal em toda obra espírita, ou espiritualista, é o conteúdo de suas mensagens. Nesse sentido, as intuições do Leonel são muito mais fortes do que no desenrolar da história em si. Cabe a ele o direcionamento da minha mente para a exata elaboração dos ensinamentos morais e espirituais. Sem isso, a obra toda cai no vazio.

Muitas pessoas, sem saber, transmitem mensagens que não são exclusivamente suas. Somos todos médiuns, portanto, estamos aptos a colaborar com a obra do plano espiritual, ainda que disso não tenhamos consciência.

É por isso que o desenvolvimento da nossa moral é tão importante. Quanto mais nos burilarmos espiritualmente, mais espíritos iluminados se pronunciarão através de nós, seja no conselho amigo, seja na intuição inesperada, num abraço ou no silêncio que conforta.

A psicografia, como tudo mais no processo mediúnico, cumpre a sua função. Para aqueles que pensam na possibilidade de estar recebendo algum tipo de mensagem do Alto, só o que tenho a dizer é que confiem, não desistam.

Ninguém precisa questionar de onde vêm as ideias, quem as está transmitindo, se há interferência do médium ou não. Isso não importa. O que realmente tem importância é o teor da mensagem. Se fez bem a alguém, tanto faz quem a escreveu.

E depois, com o tempo e a convivência, o médium acaba vivendo uma espécie de simbiose com seu mentor, a tal ponto que fica difícil saber onde termina um e começa o outro.

Colocar-se disponível é a melhor forma de colaborar com o plano da divindade.

32

O verdadeiro valor do dinheiro

Ter dinheiro, no mundo de hoje, é importante para o ser humano. Mas será que isso é o mais importante na vida? Até onde devemos ir para obter o que desejamos?

É na busca desenfreada pela satisfação dos desejos que o ser humano, muitas vezes, se perde. Poder, beleza, bens materiais e sexo são os desejos mais comuns que muitos, a qualquer custo, procuram satisfazer.

E o dinheiro é o instrumento mais cobiçado para a realização de todos eles.

Ter dinheiro não é errado, é um direito de cada um. Mas cuidado, porque o dinheiro é uma das maiores ilusões do mundo. Saber usá-lo é uma virtude que poucos conhecem, porque o dinheiro jamais pode se separar da moral.

Nada vale mais do que a honestidade, a dignidade, o altruísmo e o respeito. Esses são valores eternos, inalteráveis. O dinheiro acaba, se perde, fica para trás.

Quando partimos dessa vida, tudo o que está relacionado à matéria permanece na matéria, mas os valores conquistados pelo espírito nos pertencem para sempre.

Por isso, antes de ceder à tentação do dinheiro, pense nas consequências do que terá que fazer para adquiri-lo. Se for preciso vender seus valores morais, é melhor desistir dele.

Não vale a pena comprometer sua alma por dinheiro nenhum. A alma é eterna, o dinheiro passa.

Para obter dinheiro, não se desvie do caminho da virtude. Não furte, não minta, não trapaceie. Mais vale a pobreza material do que o empobrecimento do espírito.

Valores morais podem não encher a barriga de ninguém, mas a alma se fortalece quando prossegue sem manchas e fiel aos princípios da honestidade. Assim fortalecida, encontra sempre forças para lutar e vencer, além de fazer por merecer ajuda externa.

Um amigo, o chefe, um parente, vizinho ou até mesmo um desconhecido pode surgir para estender a mão e oferecer ajuda. Deixando o orgulho de lado, não hesite em aceitá-la.

Viva bem, com conforto, prazer, luxo ou o que mais o seu dinheiro puder comprar. Só não se torne uma pessoa egoísta, mesquinha, arrogante nem cruel. Pense no seu próximo, ajude quantos puder, favoreça o sucesso de outros.

Agindo assim, você estará dando ao dinheiro o destino que ele merece, que é servir ao homem, e não ser servido por ele.

Mantenha sempre o domínio sobre suas emoções e desejos. Use a inteligência de forma a fazer com que a sabedoria esteja sempre acima dos instintos.

Não ceda à tentação de viver pelos prazeres, porque eles são passageiros e se consomem rapidamente, ao passo que o legado espiritual é conquista eterna e imutável.

A época da escravidão já passou, foi uma luta árdua de seres que acreditavam no ideal de justiça e igualdade inato no ser humano.

Portanto, não se permita agora escravizar por uma simples coisa, porque o dinheiro nada mais é do que uma coisa posta a serviço do homem.

Seja você o seu senhor, escolha o que fazer com ele, dê-lhe um destino sábio e útil.

Deus criou os desejos, mas não o dinheiro. Ele foi criado com o Seu consentimento, é verdade, porque nada acontece que não seja da vontade de Deus.

E como toda criação do homem, o dinheiro pode ter um objetivo construtivo ou destrutivo, dependendo da mão que o utiliza.

Sabendo disso, faça suas escolhas com sabedoria e discernimento. Não use o dinheiro para comprar coisas inúteis ou prejudiciais a você ou ao próximo.

Consumir é bom, mas não é a coisa mais importante do mundo. Amar tem muito mais importância e não custa nada.

Muitos dizem que ter dinheiro é um carma. Não precisamos ir tão longe, mas pense que pode vir a se tornar isso mesmo se não aprendermos a nos disciplinar.

O dinheiro pode abrir a porta para o egoísmo e o orgulho, caso não estejamos preparados para possuí-lo. Pode, por isso mesmo, transformar-se em uma armadilha, conduzindo-nos ao deserto da desesperança e da solidão, caso dele façamos mau uso.

Seja esperto, não caia nessa esparrela. Não se distancie nunca do bom senso, pois ele é um leme para as nossas atitudes. Pense sempre antes de agir, perguntando-se se gostaria que fizessem o mesmo a você. Esse é o limite da nossa ação. O direito de uns termina onde começa o direito de outros.

Descubra a felicidade em coisas simples, porém, iluminadoras. A natureza está repleta de riquezas, das quais podemos desfrutar sem precisar gastar dinheiro.

Veja o céu, as estrelas, o sol, a lua... Eles estão lá sem cobranças e causam um impacto tão positivo em nós que nos fazem bem só de olharmos para eles.

Tem também o mar, as montanhas, florestas e rios. São dádivas que Deus nos deu e pelas quais não precisamos pagar. Nos Lhe retribuímos apenas sendo felizes, generosos e amorosos.

As flores, os animais, as crianças... tudo existe para despertar em nós uma felicidade simples e, ao mesmo tempo, tão rica.

Não desperdice essas oportunidades concentrando suas energias em ganhar e gastar dinheiro. Não se lamente porque não o possui ou o perdeu, porque ninguém perde tudo quando mantém acesa a fé em Deus.

Olhe ao seu redor. A natureza é um tesouro inestimável e inesgotável, à qual bem poucos sabem dar o devido valor. Não seja mais um desses. Valorize a vida com tudo de bom que ela possui.

Cultive dentro de si apenas valores nobres: amizade, sinceridade, amor, otimismo, alegria e tudo o que faz o espírito se tornar forte e grande.

De ilusões, o mundo já está cheio, você não precisa preencher seu mundo particular com mais uma que, cedo ou tarde, o fará sofrer.

Conquiste seu dinheiro por meios honestos, use-o com sabedoria e respeito. Não se deixe vencer pela ambição desmedida, não pense que é preciso ter tudo para ser feliz.

Ter amigos nos torna muito mais felizes do que ser rico e viver cercado de bajuladores. É claro que isso não é uma regra, mas há uma grande possibilidade de vir a acontecer.

Proteja-se. Respeite o dinheiro, porque é um valor, mas coloque-o em seu lugar de direito, abaixo, bem abaixo, dos valores morais.

Nada vale mais do que caminhar com a cabeça erguida, os olhos descansados, a mente serena e o coração limpo.

33
Preconceito se combate com respeito

Preconceito é um assunto atual, cujo combate considero essencial nos dias de hoje. Todos somos responsáveis por tentar eliminar esse vício da sociedade, fazendo prevalecer o amor por todos os seres, independentemente de suas características ou escolhas.

Os males derivados do preconceito acontecem porque o ser humano ainda não aprendeu, realmente, a respeitar o seu próximo.

Muitas vezes, o que chamamos de respeito nada mais é do que regras de comportamento ou de conduta impostas por pais, educadores ou grupos sociais.

Esse é um primeiro caminho, já que orienta o indivíduo a ter respeito pela educação. A frieza das boas maneiras ainda é preferível aos maus tratos da discriminação.

Mas esse não é o ideal. Melhor de tudo é que o ser humano incorpore a noção de respeito dentro de si como algo natural e necessário não apenas ao bom convívio, mas à certeza de que cada um tem o direito de seguir o seu próprio caminho.

Quando compreendemos isso, passamos a respeitar as diferenças espontaneamente, porque entendemos que a verdade não nos pertence, muito menos a pretensão de sabermos o que é certo ou errado.

Nada no ser humano pode ser considerado errado, e as inadequações ao meio social são derivadas de comportamentos perniciosos, como alguém que ainda não aprendeu que matar, roubar ou enganar são condutas inaceitáveis dentro da coletividade.

Tudo o que é preconceito vem da ilusão do poder, que, na verdade, não é poder algum. É um falso julgamento de superioridade que não encontra justificativa lógica nem científica. Diferenças de sexo, sexualidade, cor, raça, status social, financeiro e cultural atendem apenas às necessidades de crescimento de cada indivíduo. Não são determinantes de seu caráter nem da bondade ou maldade que habita em seu coração.

É o orgulho que faz com que as pessoas vejam além de si mesmas, atribuindo-se falsos valores para que sintam uma superioridade que não existe realmente.

Deus não criou seres humanos superiores ou inferiores. Essa distinção provém do orgulho e da ignorância, que transforma a ideia pessoal de autovalorização em uma necessidade doentia de supervalorização do ego.

A vida é que vai ensinar a cada um de nós. Quando paramos para enxergar no próximo alguém que é exatamente igual a nós, com os mesmos anseios, medos, desejos e projetos, começamos a compreender a inutilidade do preconceito.

Amizade, amor, honestidade e dignidade são qualidades essenciais, e elas independem de qualquer estereótipo ou rótulo social ou cultural. Pessoas boas e ruins são encontradas em qualquer meio, dentro das maiorias e das minorias, porque isso é uma qualidade do espírito, adquirida ao longo das muitas vidas e que não se perde pelo simples fato de ser diferente.

Vamos nos ligar nos novos tempos. Preconceito é coisa ultrapassada, de mentes que não conseguem acompanhar a evolução do mundo. Quando o tempo modifica conceitos, ele o faz atendendo à necessidade de afirmação de valores.

Não são novos valores. Respeito não é um valor novo. Sempre existiu. Só que agora estamos sendo chamados a exercitá-lo de verdade, porque o homem já encontrou o caminho do discernimento.

Cabe a cada um de nós fazer valer a lei do amor, para que, no futuro bem próximo, consigamos, finalmente, reconhecer o que significa, verdadeiramente, a ideia de que somos todos irmãos.

34

O segredo do padre

Uma brincadeirinha feita com os títulos dos meus livros.

Foi uma briga feia entre as **Gêmeas**, que disputavam entre si o privilégio de ser tornar **A atriz** no palco da vida do padre. Como **Greta** era quem despertava no clérigo maior **Desejo**, estava certa de que seria a escolhida, porém, **Virando o jogo**, **Giselle** foi quem acabou sendo eleita a **Amante do inquisidor**, porque **Com o amor não se brinca**. A irmã abandonada fugiu para a floresta, para chorar as mágoas nos ombros de **Jurema das matas**.

Seguindo os **Impulsos do coração**, ele abandonou a batina e contraiu matrimônio com sua amada, jurando fidelidade **Até que a vida os separe**. Apegada às **Lembranças que o vento traz**, a irmã rejeitada voltou da floresta com o intuito de reconquistá-lo, relembrando **Uma história de ontem**, o que foi inútil. Ela conhecia os **Segredos da alma** do padre, e ameaçou revelá-los, para mostrar ao mundo quem ele verdadeiramente era. Colocado **De frente com a verdade**, ele não cedeu. Mesmo **Sentindo na própria pele** a ameaça da chantagem, permaneceu firme, suportando em silêncio **O preço de ser diferente**, já que ele não era um padre como os outros. Fora um inquisidor cruel que, **Só por amor**, aprendeu a ser bom. **Apesar de tudo...** disse a ela: – Não posso ficar com você, pois amo sua irmã **De todo o meu ser**.

35
Nossa valorização pessoal

Valores são importantes. Autovalor, mais importante ainda. Valorizar a si mesmo é o primeiro passo para se valorizar o próximo.

Nós, seres humanos, somos dotados de valores pessoais conquistados ao longo de nossas várias vidas.

Por valores, entenda-se tudo aquilo que ajuda no nosso progresso pessoal e coletivo. São os nossos talentos, as nossas habilidades, nossos dons próprios.

Diante disso, a vida sempre nos oferece diversas oportunidades para expormos aquilo de que realmente somos capazes.

Por que então, sentimos tanta dificuldade em nos arriscar para exibir o que temos de melhor? Será medo ou insegurança? Excesso de autocrítica e de exigência ou, simplesmente, falta de valorização pessoal?

Na maioria das vezes, nosso problema está em reconhecer que temos valor. Há pessoas que gastam a vida inteira servindo o outro, fazendo tudo por marido, filhos, amigos, parentes, esquecendo-se de si mesmas.

Depois, vêm a insatisfação, o vazio, a sensação de que algo está faltando. Daí surgem cobranças, frustrações e o inevitável sofrimento pela ingratidão recebida.

Mas não há, realmente, ingratidão alguma. As pessoas são do jeito que são. Quando as acostumamos a ser sempre servidas, a ter sua vontade em primeiro lugar, a não ser contrariadas, estamos contribuindo para aumentar seu egoísmo, seu egocentrismo e sua falta de empatia para com seus companheiros de jornada. Nem sempre, fazer tudo pelo outro é o mais saudável.

Às vezes, dizer não é o que o estimula a buscar seu próprio caminho, a crescer e reconhecer que nada se faz sozinho.

Com tantas cobranças que fazemos a nós mesmos e que permitimos que nos façam, é natural que não enxerguemos nossas capacidades. Estamos acostumados a esperar do outro a realização das grandes façanhas, a nos julgar impotentes diante de coisas tão grandes, tão maravilhosas, tão fantásticas, tão... tão... tão... Tão tudo de que não somos capazes.

Mas será que realmente não somos, ou simplesmente pensamos dessa maneira? Nossa mania de desvalorização é tão grande que nos esquecemos de que somos iguais a todo mundo, não apenas nos defeitos, mas nas virtudes também.

É fácil encontrar pessoas que nos digam que não podemos, que não sabemos, que não somos capazes. Poucos são aqueles dispostos a realmente nos ajudar a reconhecer nossos talentos.

E mesmo assim, quando isso acontece, ou não acreditamos, ou pensamos que o outro está apenas tentando ser bonzinho. É a nossa tendência de acreditar justamente nas coisas ruins, duvidando sempre daquelas que são boas, quando deveríamos fazer o contrário.

Acreditar no mal nos leva para baixo, ao passo que a crença no bem nos eleva e nos dá forças. Agradeçamos àqueles que nos desvalorizam por provocar em nós a vontade de vencer.

Para alcançarmos a valorização pessoal, precisamos, antes de mais nada, ter confiança em nós mesmos e na vida. É bom também acreditar que podemos e merecemos realizar aquilo que é da nossa vontade.

Se não há fé em nós mesmos, tudo fica mais difícil. Temos que acreditar nos nossos sonhos, nossos desejos. Nossas necessidades são importantes; é preciso que reconheçamos essa importância.

Vale a pena investir na descoberta do que somos capazes. Às vezes, nem conseguimos enxergar nossas capacidades, porque ficamos presos na lamentação, nos queixando de tudo e de todos, reclamando da vida, de como ela é injusta e má.

Todo mundo tem sorte, menos nós. Todos são beneficiados, menos nós. Todos conseguem as coisas, menos nós. Mas pode ser também que todos acreditem em si mesmos, menos nós...

Nem sempre conseguimos enxergar isso sozinhos. Às vezes, é preciso que algo ou alguém venha nos dar um empurrãozinho, para que desviemos o olhar do foco da lamentação e percebamos que há outras coisas, outras possibilidades.

Quando algo ruim nos acontece, não conseguimos ver o bem por detrás da aparente destruição. Em vez de partirmos para uma nova ação, preferimos nos lamentar e nos julgar os injustiçados da vida, quando a vida está tentando nos mostrar justamente o contrário; que é justa e que as perdas acontecem para que possamos construir algo melhor.

Quando nossa valorização está em baixa, ficamos deprimidos, com medo de enfrentar a vida. Precisamos, por isso mesmo, de algo que brilhe dentro de nós para clarear a nossa mente e o nosso coração, afugentando nossa mania de reclamar.

As respostas aos nossos questionamentos estão em todos os lugares. Sempre que perguntamos, a vida responde, só que da maneira dela. Pode ser num filme, num livro, num comercial de tevê ou no exemplo do outro.

As situações se repetem e estão aí para nos alertar. Quem tiver olhos e ouvidos, conseguirá ver e ouvir. Mas agora, se a gente preferir ficar parado na lamentação, as oportunidades passam e nada percebemos.

Outras vezes, nós ficamos presos em algo que não é o melhor para nós porque não conseguimos enxergar as diversas possibilidades. Queremos uma coisa de um jeito e achamos que tem que ser daquele jeito. Não nos damos nem a oportunidade de enxergar que há outras possibilidades tão boas ou melhores do que aquela. É a nossa teimosia.

O nosso talento, o nosso dom, pode estar voltado para alguma coisa, mas nós insistimos naquilo que não está de acordo com a nossa vocação.

Ah! eu queria ser médico, mas gosto mesmo é de animais. Então, por que não posso ser um bom veterinário? Por que insistir naquilo que não é o nosso talento, quando ele está, muitas vezes, tão pertinho de nós?

Faz parte do nosso crescimento enfrentar as dificuldades. Fazemos isso porque sabemos, lá no fundo, que podemos vencê-las. Devemos nos esforçar para enxergar os nossos valores e transpor os limites da dificuldade.

Reconhecendo nosso autovalor, estamos em condições de superar o medo, a insegurança, o orgulho, a tristeza, o ódio, transformando-os em coragem, autoconfiança, simplicidade, alegria e amor.

Cada alma humana pode ser um cristal rutilante na vida das pessoas. Não para iluminar os caminhos e apontar por onde elas devem seguir, mas para mostrar onde está a chama e incentivar cada um a acendê-la em seu coração para iluminar a própria consciência.

Com a consciência iluminada pelo reconhecimento do que pode ser e fazer, cada criatura encontrará, dentro de si mesma, a resposta do porquê de sua vida e a natureza de sua essência.

Onde muitas estrelas cintilam, o céu jamais escurece.

36

Sobre o livro Jurema das matas

Levar o conhecimento a respeito da Umbanda é um dos objetivos desse livro, mas não o único nem o principal.

Jurema, esse espírito iluminado e incansável na propagação do bem, nos mostra como devemos lidar com as nossas encarnações, com o intuito de nos valorizarmos e trazer para nossas vidas momentos de maior felicidade.

O espírito de Jurema, e a falange que ela representa, retira sua força da natureza, das florestas e rios que existem por toda parte no nosso planeta.

Tudo é energia, todas as coisas vibram numa intensidade própria, captando e dispersando fluidos na nossa atmosfera. Toda vez que entrarmos em lugares onde a mata impera, ali estará a essência de Jurema e dela poderemos absorver o melhor para nossas vidas.

Em qualquer lugar, no Brasil ou não, essa energia está disponível para quem quiser acessá-la. Basta ligar-se a ela através do pensamento, para sentir o bem-estar e a paz de sua iluminação.

Jurema é a própria mata em toda sua quietude e vida, guiada pela energia da natureza que ali tem o seu domínio.

A finalidade do livro, além de desmistificar alguns preconceitos que giram em torno da umbanda, tem um objetivo mais profundo, que toca a alma de cada leitor. Umbanda, catolicismo, kardecismo, candomblé...

Somos todos um só, e a religião que busca despertar Deus no coração de seus seguidores está agindo conforme Seus princípios.

Mas a verdadeira e única religião há de ser a do amor, porque, sem ele, não há esperança para a humanidade nem meio de se alcançar a elevação. Somente chegará ao Alto o ser que já compreendeu isso e que usa de sua existência para cultivar e cativar amor. Esse patamar, alcançaremos através das oportunidades que a reencarnação nos oferece.

E é justamente isso que o livro aborda: o poder regenerador da reencarnação. A reencarnação é a maior chance de renovação que possuímos.

A cada final de existência, Deus nos acena com a esperança de refazer nossas atitudes, por meio de nova existência no planeta. É através da reencarnação que experienciamos a vida, usufruímos das nossas conquistas e tentamos, incansavelmente, modificar o que ainda não se encontra adequado a um mundo de amor. É através dela que sentimos que nada está perdido e que sempre teremos uma nova chance, seja nesse planeta ou em outro.

O que precisamos, agora, é aproveitar a última chance que o universo nos concedeu para assegurar o nosso direito de permanecer aqui, neste mundo tão lindo.

Foi por gratidão às inúmeras oportunidades de reencarnar que o espírito de Jurema permitiu a Leonel que nos trouxesse a sua história, para que servisse de exemplo a todos nós.

O exemplo que fica não é o do sofrimento, mas o da persistência, da fé, da humildade, do amor. Jurema não se limitou simplesmente a viver, mas viveu com intensidade cada momento que lhe foi concedido para sua melhora.

O que ela pretende nos mostrar com tudo isso? Que devemos sempre buscar no passado a razão para os nossos sofrimentos? Que sofremos porque fizemos algo de ruim no passado? Que passado e sofrimento estão intimamente ligados? Não exatamente.

Não precisamos mais nos prender ao passado para desvendar o presente nem assegurar um futuro melhor. Precisamos, sim, compreender que estamos num processo constante de aprimoramento e, com isso, somos convidados a oferecer o nosso melhor.

No atual estágio do espiritismo e do espiritualismo, não há quem não saiba que toda causa gera uma consequência e que estamos todos, inexoravelmente, sujeitos à lei de causa e efeito.

Sabemos também que, se passamos por determinada dificuldade no presente é porque, lá atrás, existe uma sucessão de incidentes que nos fez reavaliar nossas ações e tentar imprimir a esta vida um novo rumo.

Estamos todos cientes de que o sofrimento de hoje foi originado pelo nosso desequilíbrio de ontem.

Em razão disso, não temos mais a necessidade de tentar descobrir o que fizemos em outra vida, se fomos ruins, levianos, assassinos, traidores... não importa.

O que fizemos está feito, não tem como desfazer na nossa dimensão atual. O tempo que ficou para trás somente poderá ser alterado em outro universo, ao qual a nossa essência de agora não tem acesso.

Portanto, deixemos o passado onde está e concentremo-nos no presente, com vistas ao nosso futuro. Em vez de nos preocuparmos com coisas ruins do passado, devemos dar mais importância a tudo o que aprendemos a fazer de bom.

Ao mesmo tempo em que cometemos muitos desvarios, conquistamos valores importantes também, e é neles que devemos nos mirar quando buscarmos justificativas para nossa vida atual.

Lembremos que o novo acontece a todo instante, e se nos desapegarmos do que é velho, abriremos espaço na nossa vida para coisas novas que realmente valem a pena.

Vamos nos acostumar a pensar positivamente, a imaginar as encarnações passadas como etapas vencidas, superadas, que serviram para construir as coisas boas que conquistamos hoje.

É isso que a Jurema tentou nos mostrar, para que nos acostumemos a cultivar os bons momentos, a dar importância aos fatores positivos, a nos espelharmos nos nossos próprios valores.

É com eles que ingressaremos no novo mundo que nos aguarda, em uma Terra renovada, onde a paz e o respeito serão recorrentes na vida de todos nós e onde não haverá mais espaço para o mal e suas consequências.

O que é velho merece o nosso respeito porque foi o que nos ajudou a ser o que somos hoje.

Mas o novo é sempre belo, traz esperança, leveza e alegria. Provoca sempre um sorriso ou uma lágrima de admiração e gratidão pelo milagre de viver. Ou será que alguém duvida disso?

37
As drogas e a repercussão espiritual

Todas as drogas são malefícios à saúde do corpo e da alma. Conhecer a repercussão espiritual do vício pode ser um bom caminho para evitar o uso de drogas.

Não vivemos sozinhos, ao nosso redor há espíritos que convivem conosco, partilhando de nossas vidas. Atrair bons espíritos enriquece nosso ser, mas magnetizar seres das sombras não é aconselhável a ninguém. Quem usa drogas magnetiza, sem saber, espíritos embrutecidos e dispostos a permanecer no mal.

As drogas não comprometem apenas o lado físico e psíquico do indivíduo. Elas também são altamente perniciosas, sobretudo, aos corpos astral e mental, atraindo criaturas empedernidas, ignorantes e viciadas.

Normalmente, quando se experimenta a droga pela primeira vez, não se está sozinho. Em algum momento, a pessoa terá contato com alguém já ligado a esse mundo obscuro. Pode ser numa rodinha de usuários, com o próprio traficante ou um amigo.

Em suma, alguém que conhece a droga ou já passou por ela. Junto a esse amigo, espíritos de viciados permanecem à espreita, loucos para conquistar mais e mais adeptos.

Assim que se aproxima um novato, esses espíritos começam a agir. Num primeiro momento, permanecem observando, tentando auscultar seus pensamentos, avaliando se há ou não possibilidade de levá-lo ao uso da droga. Pode ser que sim, pode ser que não.

Quando o encarnado está seguro de si, não tem tendência ao uso de drogas ou encontra-se bem preparado para enfrentar a vida, normalmente, não cede a esse desejo ou sequer o possui.

Mas pode ser que o indivíduo, abatido por seus fracassos, decepções, fraquezas, medos, inseguranças ou simplesmente para se sentir parte do grupo, dê o primeiro passo no caminho da experiência.

Como sempre acontece com todos, as escolhas se apresentam. Ainda nesse momento, o encarnado tem a possibilidade de resistir e nunca mais tocar em droga alguma. Pode apenas experimentar, matar a curiosidade e não reincidir no uso. Quando isso acontece, os espíritos que o acompanham, estimulando o uso contínuo, tentam, de todas as formas, levá-lo a consumir a droga novamente.

Se, ainda assim, ele não se interessa, os seres invisíveis desistem dele, se afastam e vão procurar alguém que esteja mais de acordo com seus propósitos.

A não ser que haja um motivo especial para permanecerem ao lado da pessoa (como um trabalho de magia, por exemplo), vão embora, pois não querem perder tempo.

E como se dá esse estímulo? É um erro supor que os espíritos das sombras não possuem inteligência. Eles podem ser ignorantes das verdades divinas, e mesmo assim, as conhecem, justamente para poder combatê-las.

Conhecem-nas, mas não creem nelas ou não as aceitam, porque, aceitando-as, terão que tomar consciência do que fazem e abandonar a treva para assumir responsabilidades. E a última coisa que esses espíritos querem é se responsabilizar por seus atos.

Pior ainda, para muitos, abandonar a treva significa abrir mão do poder. Como o poder, por si só, já é uma droga, muitos espíritos, viciados nele, lutam para mantê-lo e aumentá-lo através do domínio e da subjugação dos mais enfraquecidos.

Muito bem. Inteligentes que são, esses espíritos procuram os pontos fracos dos encarnados, auscultam-lhes a mente, leem em seus corações, a fim de descobrir onde está a brecha por onde podem atacar.

Pode ser medo, raiva, insegurança, ciúme, desespero, rebeldia, vaidade, orgulho, tanto faz. Descoberto o ponto fraco, é ali que atacam, incentivando o uso da droga como forma de libertar a pessoa de suas dificuldades, dar-lhe alívio, conforto, torná-la forte, corajosa, independente, fazê-la experimentar um prazer inofensivo e do qual, pretensamente, pode libertar-se a qualquer tempo.

Na verdade, esses espíritos vendem ilusão. Assim enganados, sem nem saber que são alvo do ataque invisível, as pessoas, principalmente os jovens, cedem ao impulso, inebriam-se com o prazer e iludem-se com a negação, dizendo a si mesmos que, a qualquer momento, são capazes de parar e que, dependendo do tipo de droga, ela é inofensiva e não faz mal.

Com o corpo dos desejos distorcido pela ilusão dos prazeres, o indivíduo, mais e mais, faz uso da substância tóxica, ingressando no vício e saciando, juntamente com ele, toda a horda que o acompanha.

Assim vão prosseguindo, encarnado e desencarnados, dividindo cigarros de maconha, carreirinhas de cocaína, pedras de crack, copos de cachaça e tudo o mais que provoque dependência.

Escravizados pelo vício, os encarnados tornam-se, cada vez mais, joguete nas mãos dos espíritos, marionetes manipuladas para satisfazer os prazeres deles.

Vivendo no mundo das emoções, os espíritos sentem tudo com mais intensidade do que os encarnados e têm a sensação, apenas a sensação, de que estão se drogando também, desfrutando de um prazer irreal e pernicioso.

Impossibilitados de tocar na matéria física, os seres do invisível apropriam-se da essência que dela se desprende, volatizada pela fumaça ou pelos vapores do álcool.

Condensada essa energia, dela eles se servem, mas a ilusão é tão passageira que, afastados do encarnado, correm o risco de que ela se dissipe, frustrando-lhes a possibilidade de absorção.

Para evitar que isso aconteça, os espíritos optam por montar guarda junto ao encarnado, acompanhando-o a todos os lugares, comendo com ele, rindo com ele, fazendo sexo juntamente com ele, enfim, vivendo a vida dele como se fossem um só.

Estabelecida essa simbiose, o tratamento físico, por si só, não será tão eficaz se não for acompanhado do tratamento espiritual, que não precisa ser, necessariamente, espírita.

Todas as religiões possuem sacerdotes e grupos de apoio preparados para lidar com o problema. O importante é tentar redirecionar o coração para Deus, porque Deus jamais se afasta de qualquer de seus filhos.

O ser humano é que, cego pelo orgulho, volta as costas para Ele, mas Deus não julga, não se ressente, não se magoa. Deus é amor, Ele simplesmente nos ama.

O viciado nunca acredita que é viciado e pensa que, a qualquer momento, pode parar. Até que tenta e não consegue. Ainda assim, engana-se a si mesmo, acreditando que, da próxima vez, conseguirá.

Quando surge a próxima vez, ele não consegue de novo, e vem a desculpa de que terá sucesso em outra, e depois em outra, e em outra.

E o resultado nunca chega, ele não consegue parar. Se isso é difícil para uma pessoa sozinha, que dirá quando está acompanhada de criaturas que ela não pode ver, que sente, mas não sabe definir, que falam ao seu ouvido como um eco de seus próprios pensamentos.

E como ninguém vive para sempre, o viciado, um dia, também desencarnará. Cerrados os olhos da matéria, a visão que pode ter do outro lado nem sempre é das mais animadoras. Aniquilado pelos próprios pensamentos deletérios, o indivíduo chama a si os espíritos que rondam em frequência vibratória igual a sua.

Cercado por sombras, pode ser levado para cidades astrais densas ou ser escravizado em troca da essência da droga, pois o vício não termina com a morte.

Ao contrário, prossegue com mais intensidade, já que é preciso superar a barreira da matéria e aprender a sugar a energia desprendida dos encarnados. Então, aquele que era objeto de obsessão torna-se, por sua vez, o próprio obsessor.

O vício escraviza o indivíduo mesmo depois da vida física, levando-o a uma encruzilhada onde as opções cedem em face das limitações impostas pela dependência.

Ninguém é livre enquanto não se desapegar de todos os mecanismos que entravam o progresso, a paz e a iluminação da alma.

Se muitos conhecessem o que se passa do lado invisível, das coisas imperceptíveis aos nossos sentidos, mas tão ou mais reais do que tudo o que vivemos aqui, com certeza pensariam duas vezes antes de se entregar às drogas.

Mas nada é irreversível, tudo pode ser contornado com força de vontade e fé. O caminho é longo e espinhoso, mas não é impossível de ser trilhado.

Orar e dedicar-se a ajudar ao próximo constituem armas com que o indivíduo pode lutar a seu favor, para vencer a si mesmo.

O sentimento de satisfação e bem-estar que acompanha as boas ações serve de estímulo ao viciado, dando-lhe responsabilidade e a certeza de que é útil. Sentir-se útil e ser útil é uma boa forma de vencer os vícios, pois o tempo ocupado com o trabalho no bem não deixa espaço para as más atitudes.

Cada um deve pensar no quanto é responsável não apenas por si, mas por todos aqueles que estão sob a sua guarda.

Falo, sobretudo, aos pais, amigos, educadores e qualquer pessoa que se coloque ou se veja em qualquer dessas posições. Orientar, esclarecer, apoiar, mostrar-se compreensivo e amoroso são medidas profiláticas.

Prevenir ainda é melhor do que tentar remediar o que, muitas vezes, é de difícil reparação. O diálogo franco é sempre necessário, pois a VERDADE é a maior de todas as virtudes, dela derivando todas as outras.

As pessoas podem e devem conhecer a verdade sobre todas as coisas para que, assim, estejam em condições de decidir, com consciência, o que é melhor para si.

Cada um é livre para escolher o seu caminho, mas nem todos são obrigados a partilhar das mesmas escolhas.

38

Analisando a vaidade

O que fazer com a vaidade? Será ela tão perniciosa quanto julgamos ser ou há elementos que podem ser aproveitados e incentivados para um melhor aproveitamento de nossas potencialidades?

A vaidade é um dos sentimentos mais temidos pelas pessoas de bem. Ninguém quer se desviar do caminho da virtude por causa de sua vaidade, com medo de se tornar arrogante, prepotente ou ser criticado. Muito justo, porque a vaidade mal trabalhada provoca mesmo essas reações.

Mas, como tudo tem duas faces, assim também é a vaidade. Nem sempre ela é daninha, havendo momentos em que funciona como reconhecimento do valor próprio e revelação da autoestima.

Muitas vezes, é a vaidade que impulsiona o indivíduo a melhorar, a fazer melhor, a ser melhor, evitando que se sinta para baixo, desvalorizado, sem importância.

Sem ela, não nos esforçaríamos, por exemplo, para ter uma boa aparência, lembrando que ter boa aparência não é exatamente ser bonito, magro ou vestir-se bem, mas estar asseado, com roupas limpas e sem rasgos. Isso é importante para manter a dignidade do corpo, que sempre reflete na alma.

Essa é a vaidade que estimula a fazer regime, usar maquiagem, comprar uma roupa nova, apresentar-se bem para o namorado ou namorada.

É o que garante, muitas vezes, uma promoção ou o emprego tão desejado. Sem excessos, é uma vaidade saudável, pois determina a valorização do corpo na exata medida do valor que ele deve ter.

Exageros, contudo, podem ser perniciosos, tornando as pessoas enfermas, paranoicas, desequilibradas. A vaidade não pode ultrapassar o limite da saúde, seja ela física, mental, moral ou espiritual.

Quando se tem uma vida confortável, farta, até mesmo luxuosa, deve-se, em primeiro lugar, agradecer à vida por essa possibilidade. Deus divide os bens materiais de acordo com a necessidade e o merecimento de cada um, portanto, ninguém recebe mais do que merece nem menos do que precisa.

A vaidade pelo estilo de vida, fruto do reconhecimento da conquista, sem ostentações desnecessárias nem humilhação dos mais humildes, não pode ser condenada. Se assim fosse, ser rico seria um mal ou uma vergonha, o que não é o caso.

A riqueza, normalmente, gera vaidade, porque todo mundo gosta de estar cercado de coisas bonitas e boas. O cuidado deve estar, como sempre, no exagero, na ilusão de superioridade.

Todo ser humano é igual, pouco importando suas condições de vida. Afinal, Deus não cultiva riquezas nem poder, apenas amor, e para amar, não se fazem exigências nem há requisitos.

Quando se foi agraciado com a riqueza, os bens materiais, o conforto, a vaidade não podem ir além do reconhecimento do que se mereceu, seja para testar o amadurecimento dos valores morais, seja porque já ultrapassada a fase da mesquinharia e da arrogância.

É também a vaidade que nos traz o reconhecimento das nossas capacidades, e isso é mais importante ainda. Cada um de nós tem um talento, um dom que deve ser utilizado e estimulado.

Isso não significa que todo mundo possua um dom artístico ou científico. Nem todos têm jeito para pintura, poesia ou matemática. Há dons nas coisas mais simples, que nem por isso são menos importantes, pois tudo é necessário no mundo.

Os talentos são os mais variados, revelando-se em várias situações. Existem ótimas cozinheiras, excelentes pedreiros, costureiras de primeira, professores, médicos, babás, dentistas, navegadores, fonoaudiólogos, advogados, eletricistas, arquitetos, marceneiros, desenhistas, estilistas, pilotos, escritores, enfermeiros, pintores, psicólogos, músicos, cientistas, sacerdotes e por aí vai...

Não devemos nos esquecer das tarefas não remuneradas e às quais, normalmente, ninguém dá valor: uma boa dona de casa que deixa tudo em ordem, a pessoa que sempre tem uma palavra amiga para dar, a mulher que sabe cuidar dos doentes e necessitados, o anônimo que recolhe animais perdidos nas ruas, o voluntário que dá uma parte do seu dia para alegrar as crianças de um orfanato, o atendente simpático da repartição pública que trata a todos com cortesia.

Esses e outros são talentos, ou dons, que cada um possui para desenvolver a seu favor e do bem comum. Identificando o seu, o indivíduo deve valorizá-lo, sentir-se orgulhoso de poder contribuir para o desenvolvimento do mundo.

Essa é a vaidade do autorreconhecimento, aquela que nos estimula a fazer sempre melhor. Quando bem elaborada, equilibrada e consciente, a vaidade atua como elemento de propulsão do progresso pessoal, ativando nossas virtudes para a construção de uma vida mais saudável e segura.

O que não devemos é permitir que a vaidade nos domine, ultrapassando os limites do bom senso e da razoabilidade para imprimir ao nosso ego a falsa sensação de que somos melhores do que os outros. Isso não é verdade. Não existem dons melhores ou piores.

O que existem são dons necessários, espalhados pelo mundo para um melhor aproveitamento das potencialidades em benefício da humanidade.

É possível até alguém achar ou saber que é o melhor em alguma coisa, desde que, com isso, não se transforme em arma de tirania para oprimir seus semelhantes nem diminuir suas capacidades.

Ser o melhor em alguma coisa não significa ser a melhor pessoa, pois essa qualificação só é aconselhável quando se mede a pureza do coração, e um coração puro jamais se prioriza ou se vangloria das qualidades próprias.

39
Nossa atitude diante da miséria

O mundo está cheio de pessoas pobres, que não têm o que comer, nem onde morar, nem o que vestir. O que fazer? De quem é a culpa? Do governo? Das pessoas? Quem é o responsável por tantos problemas sociais? Na verdade, ninguém e todo mundo.

Não podemos nos esquecer de que a vida é guiada pelas nossas escolhas, que são feitas antes mesmo de nascermos. Assim, a miséria favorece aqueles que buscam esse tipo de experiência.

Essa escolha, contudo, somente ocorre porque existe um meio que a possibilite. Se não houvesse miséria no nosso país, ninguém escolheria nascer miserável e iria procurar um outro jeito de aprender.

Então, não é errado afirmar que devemos todos contribuir para a erradicação da pobreza. Deixar tudo a cargo do governo é uma boa desculpa para não fazermos nada, ainda mais se levarmos em conta a qualidade dos nossos serviços públicos.

Por outro lado, nem sempre estamos disponíveis ou temos condições materiais de assumir algum tipo de compromisso social. Outra boa justificativa para nos eximirmos de colaborar.

Essa colaboração, porém, há de ser espontânea e não deve decorrer de nenhum tipo de cobrança externa. Ninguém tem o direito de exigir de seu próximo que seja caridoso, muito menos de julgá-lo se não o for.

A obra da caridade é maravilhosa, mas requer desprendimento e boa vontade. Aqueles que ajudam sem desejar acabam desagradando a si mesmos, já que a obrigação não gera bem-estar.

Para ajudar é preciso apenas ter vontade. Só isso. Estar disponível, fazer o bem pela única vontade de fazer o bem, sem desejar nada em troca nem atender a um compromisso social, nem para agradar o outro, nem para se desobrigar com a vida.

Na realidade, o bem que fazemos dessa maneira não deixa de ter o seu valor, mas muito mais para o próximo do que para nós mesmos.

Cabe a nós lutar para melhorar a qualidade de vida do nosso país. Podemos fazer isso sem grandes pretensões, sem nos preocuparmos em abraçar causas gigantescas, como contribuir para organizações de caridade.

Podemos fazer isso estendendo a mão para aqueles que surgem de repente e que estão bem próximos de nós.

O homem que sente fome pode ser alimentado, na hora, com um prato de comida, independentemente de estar alcoolizado ou não. A criança que tem frio pode receber um agasalho esquecido no banco de trás do carro. A velhinha doente pode ser atendida rapidamente, comprando-se o remédio necessário na farmácia mais próxima.

Quantas pessoas solitárias, que passam por nós sem ser percebidas, podem ter o seu sofrimento diminuído pelo só fato de lhes darmos atenção. Sem contar que, às vezes, só o que desejam é um sorriso de compreensão ou uma palavra amena.

Ao sair do supermercado, não custa tirar um pacote de biscoito das nossas compras para dar aos meninos de rua. Também não custa correr ao armário e apanhar uma roupinha antiga dos nossos filhos para vestir o bebê que não tem nem fraldas, ou simplesmente dar uma boneca velha à garotinha que nunca viu um brinquedo.

Esses são gestos tão pequenos, mas que fazem a diferença. Pode ser que, com eles, não mudemos o mundo mas, com certeza, alguma coisa mudaremos na vida de alguém e na nossa também.

Matar a fome de um mendigo talvez não faça diferença nas estatísticas, mas faz diferença para quem tem a fome saciada. Se cada um fizer um pouquinho, ajudando uma pessoa, aos poucos, muitas serão ajudadas e suas dores, diminuídas.

Ninguém precisa se sentir culpado por ter muito, enquanto outros nada têm. Cada um recebe da vida aquilo que merece e precisa para evoluir, seja muito, seja pouco ou nada.

Tampouco somos obrigados a nos desfazer de tudo o que temos para dividir com o próximo, porque os valores da conquista devem ser preservados.

O que podemos fazer é ir ajudando sem compromissos, porque a vida se encarrega de colocar diante de nós justamente aquele que necessita do apoio que podemos dar.

Dizem que quando o discípulo está pronto, o mestre aparece. Da mesma forma, quando o colaborador está pronto, o necessitado também aparece.

Nós, colaboradores, podemos ajudar os que necessitam e cruzam o nosso caminho quando menos esperamos. Se nada é por acaso, não é por acaso que, dentre tantas pessoas, nós é que presenciamos a miséria naquele momento.

Aos que puderem e quiserem, pensem nisso. Uma pequena ajuda vale muito mais do que ajuda nenhuma.

Quando vir alguém passando necessidade, seja de que natureza for, não pense duas vezes. Se estiver em condição de fazer alguma coisa, faça. Se não, faça mesmo assim.

Faça uma oração. Isso sempre ajuda, seja para que aquela pessoa encontre outra que tenha mais condições de ajudar do que você, seja para que seu sofrimento seja acalmado pelos espíritos de luz. Toda ajuda, material ou imaterial, é sempre bem-vinda para os que sofrem.

Lembre-se: Quando ajudamos alguém, somos nós os mais ajudados.

Faça o bem não pelo próximo, mas por si mesmo, porque o bem que dirigimos ao outro acaba sempre voltando para nós.

40
Chega de violência!

Não dá mais para fingirmos que nada acontece ao nosso redor. O mundo mergulhou numa onda de agressões que precisa acabar.

Cabe a nós, com as nossas atitudes de bondade, elevar o planeta acima das águas turbulentas e negras da violência.

Os idosos, as crianças e os animais são os maiores alvos da violência do homem. Por mais que saibamos que ninguém passa pelo que não precisa, e que todas as situações são atraídas por nós, se não houvesse agressores, deixaria de haver vítimas.

Quem sofre os efeitos da violência assume, perante a espiritualidade, a possibilidade de viver a experiência dolorosa. O mesmo se dá com o agressor, que se disponibiliza como instrumento do mal.

O mundo está repleto de agressões desnecessárias contra seres que são iguais em sua essência. Agredir um irmão é agredir a si mesmo pois, mais cedo ou mais tarde, todos sofrem as consequências de seus próprios atos.

Tudo aquilo que fazemos ao próximo retorna para nós com igual intensidade, portanto, é melhor atirar flores no vizinho do que pedras.

É chegada a hora de despertar a consciência para os verdadeiros valores do espírito. A violência nada mais merece do que um sonoro NÃO!

Chega de agredir os mais fracos, os indefesos. A necessidade de crescimento de uns não pode servir de justificativa para a covardia de outros.

E ainda há pessoas que acham graça quando um idoso é insultado, quando uma criança é empurrada ou um animal é espancado.

Quem admira ou ignora os atos de violência alimenta, mesmo sem perceber, as atitudes das pessoas que hostilizam seus semelhantes em troca de enaltecimento do próprio orgulho.

É certo que, nem sempre, estamos em condições de agir, de impedir que o mal aconteça, de evitar as consequências danosas derivadas das atitudes insanas do nosso próximo. Sequer somos responsáveis por elas.

A ninguém se pode atribuir a culpa pelo mal, senão àquele que o pratica. Não temos o domínio sobre a vontade alheia, não mandamos em ninguém e, muitas vezes, não está em nossas mãos livrar a vítima de passar por aquilo que escolheu.

Mas podemos mandar vibrações de paz e amorosidade para os envolvidos nas situações difíceis. Se o agredido é visto como vítima pela sociedade, o agressor há de ser compreendido como uma alma enferma.

E isso porque o bem é o estado natural de todas as coisas, figurando o mal como mero desvio da conduta moral na vida, que há de ser combatido com energias do bem.

Não devemos nos igualar ao agressor, desejando ou fazendo a ele todo o mal que causou ao próximo. Isso só faz aumentar a onda de violência e nos mostra o pior: que somos iguaizinhos àquele que condenamos.

Quem não traz em si o germe da violência não consegue agredir, ainda que considere o outro merecedor. Devolver na mesma moeda é pura vingança, e só se vinga quem vibra na mesma frequência de seu ofensor.

Essa onda de violência tem que acabar. Façamos, cada um de nós, a nossa parte. Ninguém precisa se arriscar para salvar o outro, pôr a própria vida em risco para livrar o próximo de um perigo ou do mal que o ameaça.

Esse é o tipo de renúncia que não é exigido de nenhum de nós e só os que já alcançaram o patamar mais alto da elevação moral são capazes de renunciar em nome do amor genuíno.

A nós, restam as armas da oração, do repúdio às atitudes agressivas, das vibrações amorosas e, sobretudo, do nosso exemplo no caminho do bem.

41

Viajar

Existem tantos lugares lindos no mundo. A natureza enriquece todas as terras, a história de cada povo traz lições preciosas para nossas vidas. Precisamos saber aproveitar.

Viajar é maravilhoso. Seria bom se pudéssemos visitar ao menos um lugar diferente a cada ano. Não se trata apenas de diversão. Trata-se de conhecer pessoas iguais a nós em essência e, ao mesmo tempo, tão diferentes.

A diversidade impera no nosso planeta, o que nos relembra como é importante ter respeito. Nossas desigualdades são fruto das diferentes tarefas confiadas por Deus a cada um de nós. Saibamos dignificá-las e aqueles a quem elas cabem.

É por isso que digo que, das coisas vividas na matéria, viajar é a melhor. Sempre que posso, vou a um novo lugar, seja cidade, estado ou país. Pena que ainda não dá para sair do planeta (ao menos em corpo físico), pois conhecer outros mundos deve ser gratificante.

Não importa quão longe se vá nem a riqueza do local. Importante mesmo é nos darmos a oportunidade de conhecer coisas novas. Isso nos ajuda na compreensão da vida, no reconhecimento do outro como um igual e na valorização de nossas raízes.

Quando viajamos, vemos como é bom ter um lugar para voltar. Considero a volta para casa o melhor momento da viagem. Pode parecer estranho, mesmo uma contradição. Se voltar para casa é a melhor parte, para que sair, então?

Sempre que partimos, levamos expectativas, mas voltamos com experiências e lembranças. Expectativas se frustram; lembranças permanecem, experiências enriquecem. Então, voltar é o melhor de tudo.

Quando vamos, somos a mesma pessoa. Quando voltamos, alguma parte de nós retorna modificada. Mesmo que seja um pouquinho, imperceptível...

As impressões do que vivemos afetam todo o nosso ser. São coisas para as quais não atentamos, mas se prestarmos atenção, veremos que, a cada viagem, algo novo vem somar em nossas vidas.

Ainda que não gostemos do lugar, alguma experiência importante sempre fica, novos valores são adicionados à nossa bagagem de experiências.

Viajar é a melhor forma de conquistar experiências, na maioria das vezes, sem sofrer.

E essa oportunidade, somos nós que temos que nos dar.

42
Minha oração de todos os dias

Uma pequenina oração feita com base no "Pai-nosso".

Pai das criaturas, Senhor do Universo
Teu nome seja amor em nossos corações
Teu reino se faça hoje em nossas vidas
Tua vontade prevaleça, fortalecendo a nossa
Em todos os mundos que venhamos a habitar.
O pão de nosso corpo é a luz da Tua luz
O perdão das ofensas, Tua dádiva de paz

Abre nossos olhos para as verdades do espírito
Permite que nos distanciemos das ilusões do mundo
Para que as energias do bem se derramem sobre nós
Na vida física e na espiritual
Porque o bem há de ser o presente e o futuro
De toda a humanidade.

43

Se eu tivesse que escolher...

A gente passa a vida escolhendo e mudando as escolhas. O que era bom ontem, hoje já não é mais. O que parecia inútil no passado, com o passar do tempo, ganha novos contornos.

É assim com o amadurecimento da vida e das ideias.

Eu também não fugi à regra.

Existem coisas das quais sempre gostei. Outras, de que aprendi a gostar. Algumas, eu modifiquei, porque mudei a mim mesma.

De qualquer forma, às vezes a gente define do que gosta mais, às vezes, não.

Mas, se eu tivesse que escolher...

Um livro: *As brumas de Avalon*, de Marion Zimmer Bradley
Um filme: *O Senhor dos Anéis*
Um lugar da natureza: mar
Uma flor: rosa
Uma comida: batata frita
Um doce: sonho de valsa
Uma bebida: água
Uma cidade: Cabo Frio
Um esporte: natação
Uma palavra: liberdade
Uma fruta: abacaxi
Uma paisagem do Rio: Aterro do Flamengo
Uma música: "Só você", de Léo Jaime
Um animal: gato
Um seriado de TV: *Criminal minds*
Uma cor: verde
Uma paixão: viajar
Uma fragrância: cânfora
Um livro que escrevi: *Segredos da alma*
Uma música clássica: "Clair de lune", de Debussy
Uma lenda: Rei Artur
Uma esperança: paz

Um conto infantil: *Pinóquio*

Um desenho animado: *O caminho para El Dorado*

Um cheiro: chuva

Um poema: "Testamento", de Manuel Bandeira

Uma cantora: Marisa Monte

Um cantor: John Denver

Um amor: meu filho

VIDA & CONSCIÊNCIA
EDITORA

Rua Agostinho Gomes, 2.312 – SP
55 11 3577-3200

contato@vidaeconsciencia.com.br
www.vidaeconsciencia.com.br